汉画总录

31

邹城

GUANGXI NORMAL UNIVERSITY PRESS

广西师范大学出版社

·桂林·

本研究由2012年度国家社科基金重大项目"中国汉代图像数据库与《汉画总录》编撰研究"资助

本专项研究得到吴作人国际美术基金会的赞助

HANHUA ZONGLU

项目统筹　汤文辉　李　琳
责任编辑　罗文波
助理编辑　梁桂芳
装帧设计　李若静　陆润彪　刘　凛
责任技编　郭　鹏

图书在版编目（CIP）数据

汉画总录. 31，邹城 / 胡新立，朱青生主编. —桂林：
广西师范大学出版社，2017.12
　ISBN 978-7-5598-0503-4

Ⅰ．①汉…　Ⅱ．①胡…②朱…　Ⅲ．①画像砖－史料－
研究－中国－汉代②画像砖－史料－研究－邹城－汉代
Ⅳ．①K879.444

　中国版本图书馆CIP数据核字（2017）第271605号

广西师范大学出版社出版发行

（ 广西桂林市五里店路9号　邮政编码：541004 ）
（ 网址：http://www.bbtpress.com ）
出版人：张艺兵
全国新华书店经销
广西广大印务有限责任公司印刷
（桂林市临桂区秧塘工业园西城大道北侧广西师范大学出版社集团
有限公司创意产业园内　邮政编码：541100）
开本：787 mm×1 092 mm　1/16
印张：15　　字数：150千字
2017年12月第1版　　　2017年12月第1次印刷
定价：480.00元

如发现印装质量问题，影响阅读，请与印刷厂联系调换。

序

文字记载，图画象形。人性之深奥、文化之丰富俱在文献形相之中；史实之印证、问题之追索无非依靠文字图形。[1] 汉画乃有汉一代形相与图画资料之总称。

汉代之前，有各种物质文化遗迹与形相资料传世。但是同时代文献相对缺乏，虽可精观细察，恢复格局，重组现象，拾取位置、结构和图像信息，然而毕竟在紧要处，但凭推测，难于确证。汉代之后，也有各种物质文化遗迹与形相资料传世，但是汉代之前问题不先行获得解释，后代的讨论前提和基础就愈加含糊。尤其渊源不清，则学难究竟。汉代的文献传世较前代为多，近年汉代出土文献日增，虽不足以巨细问题尽然解决，但是与汉代之前相比，判若文献"可征"与"不可征"之别。所以，汉画作为中国形相资料的特殊阶段，据此观察可印之陈述，格局能佐之学理，现象会证之说明；位置靠史实印证，结构倚疏解诠释。因图像信息与文字信息的双重存在，将使汉画成为建立中国图像志，用形相学的方法透入历史、文化和人性的一个独特门类。此汉画作为中国文化研究关键理由之一。

两汉之世事人情、典章制度可以用文字表达者俱可在经史子集、竹帛简牍中钩沉索隐，而信仰气度、日常生活不能和不被文字记述者，当在形相资料中考察。形者，形体图像；相者，结构现象。事隔两千年形成的古今感受之间的千仞高墙，得汉画其门似可以过入。而中国文明的基业，多始于汉代对前代的总结、集成而制定规范；即使所谓表率万世之儒术，亦为汉儒所解释而使之然。诸子学说亦由汉时学人抄传选择，隐显之功过多在汉人。而道德文章、制度文化之有形迹可以直接回溯者，更是在汉代确立圭旨，千秋传承，大同小异，直至中国现代化来临。往日的学术以文字文献为主，自从进入图像传播时代，摄影、电视造就了人类看待事物的新方法，养成了直接面对图像的解读能力。于是反观历史，对于形相资料的重视与日俱增。因此，由于汉代奠定汉族为

---

[1] 对于古史，有所谓四重证据法：传世文献+出土文献+出土文物+依地形、位置和建筑建构遗存复原的文化环境设想。但任何史实，多少都有余绪流传至今，则可通过现今活态遗存，以今证古，这是西方人类学、文化地理学中使用的方法。例如，可从近日的墓葬石工艺中考溯汉代制作；再如，今日非物质文化遗产中的祭祀庆典仪式，其中可能有此地同族举行同类型活动的延承，正所谓"礼失而求诸野"。所以，对于某些历史对象，可以采用六重证据法：传世文献+出土文献+出土文物+复原的文化环境设想+现今活态遗存+试验考古（即用当时的工具、材料、技术、观念重新试验完成一遍古代特定的任务）。对问题的追索无非依靠文字和形相两种性质的材料，故略称"文字图形"。

主体的文明而重视汉代，由于读图观相的时代到来而重视图画，此汉画之为中国文化研究关键理由之二。

"汉画"沿用习称。《汉画总录》关注的汉画包括画像石、画像砖、帛画、壁画、器物纹样和重要器物、雕刻、建筑（宗教世俗场所和陵墓）。所以，与《汉画总录》互为表里的国家图像数据库[2]则称之为"汉代形像资料"，是为学术名称。

汉画研究根基在资料整理。图像资料的整理要达到"齐全"方能成为汉画学的基础。所谓齐全，并非奢望汉代遗迹能够完整留存至今，而是将现存遗址残迹，首先确定编号，梳理集中，配上索引，让任何一位学者或观众，有心则可由之而通览汉代的形相资料总体，了解究竟有多少汉代图形存世。能齐观整体概况，则为齐也。如果进一步追索文化、历史和人性的问题，则可利用这个系统，有条理、有次序地进入浩瀚的形相数据，横征纵析，采用计算机详细精密的记录手段和索引技术，获取现有的全部图像材料。与我们陆续提供给学界的"汉代古文献全文数据库"和"中文、西文、日文研究文献数据库"互为参究，就能协助任何课题，在一个整体学科层面上开展，减少重复，杜绝抄袭，推动研究，解决问题。能把握学科动态则为全也。《汉画总录》是与国家图像数据库相辅相成的一个长期文化工程，是依赖全体汉画学者努力方能成就的共同事业。一事功成，全体受益。如果《汉画总录》及其索引系统建成完整、细致、方便的资料系统，则汉画学的推进可望有飞跃发展，对其他学科亦不无帮助。

汉画编目和《汉画总录》的编辑是繁琐而细致的工作。其平常在枯燥艰苦的境况中日以继夜。此事几无利益，少有名声，唯一可以告慰的是我们正用耐心的劳动，抹去时间的风尘，使中国文明之光的一段承载——汉画，进入现代学术的学理系统中，信息充溢，条理清楚，惠及学界。况且汉画虽是古代文化资料，毕竟养成和包蕴汉唐雄风；而将雄风之遗在当今呈现，是对中国文明的贡献，也是为人类不同文明之间更为深刻的互相理解和世界在现代化中的发展提示参照。

人生有一事如此可为，夫复何求？

编　者
2006 年 7 月 25 日

---

[2] 2005年国家文化部将《中国汉代图像信息综合调查与数据库》项目纳入"国家数据库专项"系统。

编辑体例

《汉画总录》包括编号、图片、图片说明、图像数据、文献目录、索引六部分内容。

1. 编号

为了研究和整理的需要，将现有传世汉画材料统一编号。编号工作归属一个国家项目协调（《中国汉代图像信息综合调查与数据库》为国家艺术科学"十五"规划项目）。方法是以省、区编号（如陕西 SSX，山西 SX）加市、县，或地区编号（如米脂 MZ）再加序列号（三位），同一汉画组合中的部件在序列号之后加横杠，再加序列号（两位）。比如米脂党家沟左门柱，标示为 SSX-MZ-005-01（说明：陕西—米脂—党家沟画像石墓—左门柱）。编号最终只有技术性排序，即首先根据"地点"的拼音缩写的字母排列顺序，在同一地点的根据工作序列号的顺序排序。

地点是以出土地为第一选择，不在原地但仍然有确切信息断定其出土地的，归到出土地编号，并在图片说明中标示其收藏地和版权所有者。如果只能断定其出土地大区（省、区），则在小区（市、县、地区）部分用"××"表示。比如美国密歇根大学博物馆藏的出自山东某地，标示为 SD-××-001。如果完全不能断定其出土地点，则以收藏地点缩写编号。

编号完成之后，索引、通检和引证将大为方便。论及某一个形象或画面，只要标注某编号，不仅简明统一，而且可以在《汉画总录》和与此相表里的国家图像数据库（国家文化部将《中国汉代图像信息综合调查与数据库》项目纳入"国家数据库专项"系统）中根据检索方法立即找到其照片、拓片、线图、相关图像和墓葬的全部信息，以及关于这个对象尽可能全面的全部研究成果，甚至将来还可以检索到古文献和出土文献的相关信息，以及同一类型图像或近似图像的公布、保存和研究情况。

2. 图片

记录汉代画像石、画像砖的图片采取拓片、照片和线图相比照的方式处理。[1] 传统著录汉画的方式是拓片，拓片的特点是原尺寸拓印。同时，拓片制作时存在对图像的取舍和捶拓手工轻重粗精之别，而成为独立于原石的艺术品。拓片不能完整记录墓葬中画像砖石的相互衔接和位置关系，

---

[1] 由于在《汉画总录》的编辑方针中，将线描用于对图像的解释和补充，线描制作者的观点和认识会有助于读者理解，但也形成了一定的误导和局限，因此在无必要时，将逐步减少线描的数量，而把这个工作留待读者在研究时自行完成。

以及墓葬内的建筑信息，无法记录画像石上的墨线和色彩，对于非平面的、凸凹起伏的浮雕类画像砖石，也不能有效地记录其立体造型。不同拓片制作者以及每次制得的拓片都会有差异。使用拓片一个有意无意的后果是拓片代替原石成为研究的起点，影响了对画像石的感受和认知。拓片便利了研究的同时也限制了研究。只是有些画像砖石原件已失，仅存拓片，或者原石残损严重，记录画像砖石的拓片则为一种必要的方法。

照片对画像砖石的记录可以反映原件的质地和刻划方法、浮雕的凸凹起伏，能够记录砖石上的墨线和色彩，是高质量的图像记录中不可缺失的环节。线图可以着重、清晰地描绘物像的造型和轮廓，同时作为一种阐释的方法，可以展示、考察、记录研究者对图像的辨识和推证。采取线图、照片、拓片相结合的途径记录画像砖石，可相互取长补短，较为完备。

帛画、壁画和器物纹样一般采用照片和线图。

其他立体图像采用照片、三维计算机图形、平面图和各种推测性的复原图及局部线图。组合图与其他图表的使用，在多部组合关系明确的情况下，一般会给出组合图加以标明，用线描图呈现；在多部组合而关系不明确的情况下则或缺存疑。其他测绘图、剖面图、平面图以及相关列表等均根据需要，随着录列出，视为一种图解性质的"说明"。[2]

3. 图片说明

图片说明分为两个部分。其一是关于图片的基本信息，归入"4. 图像数据"中说明；其二是对于图像内容的描述。描述古代图像时，基于古今处在不同的观念体系中的这一个基本前提，采取不同方式判定图像。

3.1 尝试还原到当时的概念中给予解释 [3]，在此方向下通常有两种途径。

3.1.1 检索古代文献中与图像对应的记载或描述，作出判定。但现存的问题，一是并非所有图像都能在文献中找到相应的记载或解释，即缺乏完备性；二是这种对应关系是人为赋予的，文献

---

[2] 根据编辑需要，在材料和技术允许的情况下，会给出部分组合关系图。由于编辑过程受到各种条件的限制，尽其努力也无法解决全卷缺少部分原图、拓片、线图的情况，或者极个别原石尺寸不齐的情况，目前保持阙如，待今后在补遗卷中争取弥补。

[3] 任何方式中我们都不可能完全脱离今人的认识结构这一立足点，不可能清除解释过程中"我"的存在，难以避免以今人的观念结构去驾驭古代的概念。完全回到当时当地观念中去只是设想。解释策略决定了解释结果。在第一种方式中，我们的目的不是把自己置换到古人的处境中去体验，而是去认识古人所用概念及其间结构关系。

4

与图像并不存在必然的联系，且不同研究者可能作出不同的判断 [4]；三是现存文献只是当时多种版本的一种，民间工匠制作画像石所依据的口述或文字版本未必与经过梳理的传世文献（多为正史、官方记录和知识分子的叙述）相符。

3.1.2 依据出土壁画上的题记、画像砖石上的榜题、器物上的铭文等出土文字材料，对相应图像作出判定，这种方式切近实况，能反映当时当地的用语，但是能找到对应题记的图像只占图像总体的一小部分。

3.2 在缺失文献的情况下，重构一种图像描述的方式——尽量类型化并具有明晰的公认性。如大量出现的独角兽，在尚不确定称其为"兕"还是"獬豸"时，便暂描述为独角兽，尽管现存汉代文献中可能无"独角兽"一词。同时，图像描述采取结构性方式，即先不做局部意义指定，而是在形状—形象—图画—幅面—建筑结构—地下地上关系—墓葬与生宅的关系—存世遗迹和佚失部分（黑箱）之间的关系等关系结构中，判定图像的性质或意义。尽管没有文字信息，图像在画面和墓葬中的位置和形相关系提供了考察其意义和功能的线索。

在实际图片说明中，上述两种方式往往并用。对图像的描述是在意识到这些问题的情况下展开的，部分指谓和用语延承了以往的研究，部分使用了新词，但都不代表对图像含义的最终判定，而只是一种描述。

4. 图像数据

图片的基本信息（诸如编号、尺寸、质地、时代、出土地、收藏单位等）实际上是图像数据库的一个简明提示。收入的汉画相关信息通过数据库的方式著录，其中包括画像石编号、拓片号、原石照片编号、原石尺寸 [5]、画面尺寸、画面简述、时代、出土时间、征集时间、出土地 [6]、收藏单位、原收藏号、原石状况（现状）、所属墓葬编号 [7]、组合关系、著录与文献等项。文字、质地、色

---

[4] 关于此前题材判定和分类的方法和问题，参见盛磊：《四川汉代画像题材类型问题研究》，北京大学艺术学系99级硕士毕业论文。

[5] 画面尺寸的单位均为厘米，书中不再标识。

[6] 出土与征集的区分以是否经过科学发掘为界，凡经正式发掘（无论考古报告发表与否）均记为出土，凡非正式发掘（即使有明确出土地点和位置）均记为征集。

[7] 所属墓葬因发掘批次和年代各异，故记为发掘时间加当时墓葬编号，如1981M3表示党家沟1981年发掘的第3号墓葬。

彩、制作者、订件人、所在位置、相关器物、鉴定意见、发现人中有可著录者，均在备注项中列出。画像石墓表包括墓葬所在地、时代、墓葬所处地理环境、封土情况、发现和清理发掘时间、墓向、墓葬形制、随葬器物、棺椁尸骨、画像石装置，发现人、发掘主持人也在备注项中注出。建立数据库的目的和价值在于对数据库中的所有记录进行检索、比较、统计、分析，以期达到研究的完备性和规范性。[8]

5. 文献目录

文献目录列出一个区域（指对汉画集中地区的归纳，如陕北、南阳、徐州、四川等，多根据汉画研究的分区，而非严格的行政区划）有关汉画内容的古文献、研究论著和论文索引，并附内容提要。在每件汉画著录中列专项注出其相关研究文献。

6. 索引

按主题词和关键词建立索引项，待全部工作结束之后，做成总索引。因为《汉画总录》的分卷编辑虽然是按现在保管地区为单位齐头并进，但各种图像材料基本按出土地点各归其所，所以地名部分不出分卷索引，只在总索引中另行编排。

朱青生

北京大学汉画研究所

2006 年 7 月 31 日

---

[8] 对于存在大量样本和繁杂信息的研究对象，数据库的应用是有效的。在考古类型学中，传统的制表耗费时力，且不便记忆和阅读，细碎的分类常有割裂有机整体之弊。《汉画总录》的设想是：（1）无论已有公论还是存疑的图像，一律不沿用旧有的命名及在此基础上的分类，而按一致的规范和方法记录；（2）扩大图像信息的范畴，全面记录相关要素，包括出土状况（发掘/清理/收集）、发现人、出土时间、出土地点及其所属古代区划、画像材质、尺寸、所属墓葬形制、画像位置、随葬器物及其位置、画像保存状况、铭文、已有断代、画像资料出处、相关图片、相关研究、收藏地等。图像则记录单位图像的位置及其间的组合情况；（3）利用数据库，按不同线索和层次对图像信息进行查询、检索，根据统计结果作出判断。

目　录

前言一 ·· 13

前言二 ·· 16

图　录 ···（以汉画总录编号排列）

SD-ZC-001-01(1) ·· 18

SD-ZC-001-01(2) ·· 22

SD-ZC-001-01(3) ·· 24

SD-ZC-001-01(4) ·· 28

SD-ZC-001-01(5) ·· 30

SD-ZC-001-02(1) ·· 32

SD-ZC-001-02(2) ·· 34

SD-ZC-001-02(3) ·· 36

SD-ZC-001-03(1) ·· 38

SD-ZC-001-03(2) ·· 42

SD-ZC-001-03(3) ·· 44

SD-ZC-001-03(4) ·· 48

SD-ZC-001-03(5) ·· 50

SD-ZC-001-04(1) ·· 52

SD-ZC-001-04(2) ·· 54

SD-ZC-001-04(3) ·· 56

SD-ZC-002-01 ·· 58

SD-ZC-002-02 ·· 60

SD-ZC-002-03 ·· 62

SD-ZC-002-04 ·· 64

SD-ZC-003-01 ·· 66

SD-ZC-003-02 ·· 68

SD-ZC-003-03 ·· 70

SD-ZC-004-01(1) ·· 72

SD-ZC-004-01(2) ·· 74

SD-ZC-004-01(3) ·· 76

SD-ZC-004-02 ·· 78

SD-ZC-004-03 ·· 83

SD-ZC-004-04 ·· 88

SD-ZC-004-05 ·· 92

SD-ZC-004-06 ·· 94

SD-ZC-004-07 ·· 96

SD-ZC-004-08(1) ··· 100

SD-ZC-004-08(2) ··· 102

SD-ZC-004-09(1) ··· 104

SD-ZC-004-09(2) ··· 106

SD-ZC-004-10 ··· 108

SD-ZC-005 ·· 110

SD-ZC-006 ·· 112

SD-ZC-007 ·· 114

SD-ZC-008 ·· 116

SD-ZC-009 ·· 119

SD-ZC-010 ·· 122

SD-ZC-011 ·· 124

SD-ZC-012 ·· 126

SD-ZC-013 ·· 128

SD-ZC-014 ·· 130

SD-ZC-015 ·· 132

SD-ZC-016 ·· 134

SD-ZC-017 ·· 137

SD-ZC-018 ·· 140

SD-ZC-019 ·· 144

SD-ZC-020 ·· 148

SD-ZC-021 ·· 150

SD-ZC-022 ·· 152

SD-ZC-023 ·· 154

SD-ZC-024 ·· 156

SD-ZC-025 ·· 158

SD-ZC-026 ·· 160

SD-ZC-027 ·· 162

SD-ZC-028-01 ··· 164

SD-ZC-028-02 ··· 167

SD-ZC-028-03(1) ··· 170

SD-ZC-028-03(2) ··· 172

SD-ZC-028-03(3) ··· 174

SD-ZC-028-04 ··· 176

SD-ZC-028-05(1) ··· 178

SD-ZC-028-05(2) ··· 180

SD-ZC-028-05(3)··182

SD-ZC-028-06··184

SD-ZC-028-07··186

SD-ZC-028-08··188

SD-ZC-029-01··191

SD-ZC-029-02··194

SD-ZC-029-03··196

SD-ZC-030··198

SD-ZC-031··200

SD-ZC-032··202

SD-ZC-033(1)···204

SD-ZC-033(2)···206

SD-ZC-034··208

SD-ZC-035··210

SD-ZC-036··211

SD-ZC-037··212

SD-ZC-039··213

SD-ZC-038··214

SD-ZC-040··216

SD-ZC-041··218

SD-ZC-042··220

SD-ZC-043··224

SD-ZC-044-01··226

SD-ZC-044-02··227

SD-ZC-044-03···228

SD-ZC-044-04···229

SD-ZC-044-05···230

SD-ZC-044-06···231

SD-ZC-044-07···232

SD-ZC-044-08···233

SD-ZC-044-09···234

前言一

　　邹城市原名邹县，是被称为"亚圣"的儒学大师孟子的故乡，其北面与"至圣先师"孔子的故乡曲阜相邻，故古称邹鲁之地、孔孟之乡，儒家学派的发源地。和著名的曲阜"三孔"相匹配，邹城市现在也保存着孟庙、孟府、孟林等文物古迹，可谓人杰地灵、文化昌盛的地方。

　　邹城历史悠久，地上地下文化遗存丰富。考古发掘资料证明，数千年前这里就出现了史前文明的曙光。两周时期为邾国封地，邾国故城遗址即在邹城东南的峄山之阳。秦统一天下后，在邾国故地设置邹县，在故城遗址中出土的印有秦统一度量衡诏文的陶量上，还有带"邹"字的戳记。汉承秦制，两汉仍置邹县，隶属山阳郡，其范围相当于今邹城市的中部和南部山区；与此同时设立的高平县和南平阳县（东汉时两县皆改为侯国），又分别位于今邹城市的西南部和邹城市的中北部与西北部。这些地方是汉代经济、文化较发达的地区，冶铁、牛耕、水利、纺织等农业与手工业都有相当发展。这里儒学兴盛、官吏文人辈出，西汉时邹人韦贤、韦玄成父子，以通儒明经而官至丞相之位，当时就流行有"遗子黄金满籝，不如教子一经"的民间谚语。这里又是王侯贵胄、豪门大族聚居的地方，东汉时期山阳高平人仲长统在其所著《昌言》中说："豪人之室，连栋数百，膏田满野，奴婢千群，徒附万计。船车贾贩，周于四方，废居积贮，满于都城。琦赂宝货，巨室不能容，马牛羊豕，山谷不能受。妖童美妾，填乎绮室，倡讴伎乐，列乎深堂。"其对富豪之家的描述和对社会现象的评说，正反映了当时社会经济发展和土地、财富集中的情况。遍布邹城市的汉代遗址、墓葬、石刻等文物遗存，即为传递汉代社会历史文化的载体，尤其是其中的汉画像石，生动形象地描述了汉代社会生活情况。所述这些，都大致反映了邹城汉代画像石发展的社会历史背景。

　　邹城市位于泰沂山脉南侧，境内山区、平原、丘陵间而有之，山中盛产青灰色的石灰岩石，为开采和制作汉画像石提供了丰富的原料和地理条件。从出土的东阿芗他君祠堂和嘉祥宋山永寿三年祠堂等画像石题记中，又披露出在汉代山阳郡及其所辖的高平县一带，是出画师、名工等制作画像石能工巧匠的地方。由此，又可见邹城地区汉画像石艺术发展的原因。

　　山东与相近的苏、皖北部，是全国汉画像石遗存最丰富的中心地域，位于山东南部的邹城市，其南面、西面与滕州市、微山县、济宁市等连成一片，正是鲁南汉画像石最集中分布的地域。邹城地区的汉画像石，从清代以来的金石学就有了著录，而过去多是零星的发现和记录。新中国成立后，当地文物保护管理机构逐步开展了对汉画像石的调查、保护和征集工作，随着社会主义经济建设和文物考古事业的发展，特别是在二十世纪八十年代以后，对汉画像石墓葬等遗存进行了考古发掘，使获取汉画像石的手段趋于科学化，并为当地的汉画像石建立起历史的时空框架，揭示出这一地区汉画像石产生和发展变化的趋势。经过多年的辛勤工作和资料积累，现在邹城孟庙已收集汉画像石二百余件，除墓葬出土的画像石外，还发现有少数祠堂画像石的构件，较全面地反映出邹城汉画像石的面貌，已成为琳琅满目的汉画像石专题陈列馆了。

从现有资料和研究情况看，邹城汉画像石滥觞于西汉前期的石椁墓，经西汉后期和东汉初期的发展，墓葬出现双椁室或前后室洞室墓，到东汉晚期则出现全石结构的多室墓与带回廊的墓，这些汉画像石墓葬形制的变化，也反映了整个汉代墓葬制度、埋葬习俗和社会的变化。在这一点上，又显示出邹城汉画像石产生时间早，延续时间长，存在于两汉时期约三百余年的历史，和全国范围内的汉画像石兴衰历史相一致，说明邹城市是在汉画像石分布的中心区域之内。

由于邹城市所辖地域较广阔，周边又与盛产汉画像石的地方相连接，体现在邹城汉画像石的整体面貌上，首先是属于鲁南地区的汉画像石特征，此外又显示出其复杂多样的面貌特点，雕刻技法多种多样，画像内容丰富，包罗万象，更有别的地方少见的画像内容。邹城汉画像石的雕刻技法，主要流行阴线刻，尤其西汉时期多为粗壮的阴线刻，西汉晚期到东汉初期又增加凹面线刻，东汉中晚期流行浅浮雕。这里少见东部的高浮雕与透雕（此技法整体上都很少），其西部的以嘉祥武氏祠为代表的减地平面线刻作品，这里也很少见到。邹城西南部与微山两城、南边与滕州的汉画像石风格相近，如郭里、两城附近雕刻的光净细致、优美传神的浅浮雕作品。而邹城汉画像石浅浮雕作品中，有在浮雕出的物象上留有原来修整石面的粗凿纹，如黄路屯出土的斗牛画像石，更显示出那种拙朴、粗犷、雄健的风格，与两城画像石迥然相别。邹城汉画像石虽不乏场面宏大、内容饱满的鸿篇巨制，但又少见滕州西户口、龙阳店画像石那种多层分格、饱满均衡、不留余白、密不透风的画像构图。这也约略显示出其间的不同。邹城市又东接沂蒙山区，北邻曲阜，设想对邹城汉画像石的进一步研究，可能会对汉画像石分布的区域、类型以及所反映的地方或时空差别获得更深入的认识。

汉画像石的产生和发展是一种社会文化现象，它是一个特定历史阶段的产物。汉画像石除个别为神庙石阙上的画像外，其余全部属于墓葬及其附属于地面上的祠堂、石阙等画像，画像石既是组成这些建筑的构件，又是按建筑部位配置其表面的刻画纹饰，它基本上是为丧葬礼俗服务的一种功能艺术。汉画像石所反映的是当时社会的主流思想以及人们的鬼神迷信和人生追求，当这个文化背景发生了变化后，这个艺术特征也就会衰落。魏晋以后，出现了不同的社会背景，那种有特定内容和表现形式的汉画像石艺术也就衰亡了。这从邹城独山发现的西晋刘宝墓中也能反映出来，在其墓门和门楣上虽然尚有简单的画像，但已不能和当年的汉画像石艺术同日而语了。

　　由于汉画像石丰富的文化内涵和具有多方面的资料价值，目前，对汉画像石的研究，除原有的考古学和美术史等门类外，诸多学科都已涉足到这一领域中来。又由于汉画像石本身具有"金石永寿"的性质，它已成为我国民族文化遗产中逾千年而不朽的艺术瑰宝，而汉画像石艺术特有的古拙和质朴所产生的美感，更引起了现代社会更多人的共鸣。面对祖国这项珍贵的文化遗产，我们大家有着共同的责任，就是把它保护好、发掘好、研究好、利用好，进一步发扬光大我们民族的优秀文化传统。

蒋英炬

二〇〇七年二月二十八日于泉城

（原文发表于胡新立《邹城汉画像石》，北京：文物出版社，2008 年，3-6 页）

前言二

邹城汉画的基本情况，蒋英炬先生在《邹城汉画像石》（北京：文物出版社，2008 年）的序言中已经阐明。通过此次《汉画总录·邹城卷》的著录和观察，我们认为还有以下三个问题有待进一步展开，记录于此。

其一，邹城在山东画像石中是否具有独立的特征，是否能自称流派，我们还没有找到足够的证据。也就是说，在现代邹城行政区划内以及在其汉代的历史区划内，墓葬中人未必都是以此地为籍贯，或者因地域的关系而必然卜葬于此。葬地的选择是否必然地与周围地区内发现的墓葬构成排他性关系？目前邹城虽然有零星的榜题铭文出土，但是其中反映的葬仪、葬式、墓葬、工匠、墓主及其家族的资财经济的情况，都还不足以证明一定是当地的人和当地的事项。所以我们更愿意将邹城的画像石看成是目前鲁南地区整体结构中的一个局部。

其二，邹城出土了一些带有画像的早期石椁墓。过去我们的思路是，希望沿着这条线索寻找石椁墓演化为有画像石的多室墓的过程，赵化成教授也一直计划通过考古发掘来解决这个流转变化问题。但是根据近年来各地对石椁墓的综合发掘，特别是邹城左近地区的情况，我们发现带有画像的石椁墓作为一种墓葬的形式，可以一直延续，并不必然地转成画像石（砖石）多室墓。这就引发了一个新的思路，就是我们一直提到的所谓"箱状墓葬"和"室状墓葬"之间的观念差异。"箱状墓葬"与"室状墓葬"作为一对概念出现，与学界理解的"椁墓"和"室墓"的所指略有差异。箱状墓葬并非指竖穴墓和各种椁墓，当然这在考古学上是一个常识，侧重于墓葬形制。而在艺术史上，"箱状墓葬"这个称呼只是强调由汉画研究引起的对生死观念的另一种观察和思考路径。所谓"箱状墓葬"就是把所有的墓葬理解成一个旅行箱，承装墓主和相关的随葬品，打包装箱，尽量塞满，虽略有分类，但总体上是以"运送"为其目的。而"室状墓葬"是已经到达运送的目的地，所有的东西会按照类别分区摆放，便于取用、呼应、凝视和遥望，总体上是以"归宿"为其旨归。运送的过程和终极的归宿理念不同，其中的每一件事物或图像，虽同为一样，但是意味却有所差异。而同样（反复多次）出现在箱状墓葬与室状墓葬中的画面、题材和装饰元素，其在位置、功能与意义方面的联系则有不同的解释途径。而如铺首衔环、穿璧、常青树等图像，在箱状墓葬中似可认为是有规律地呈现于某些特定位置，如同旅行箱的固定格式；而类似图像（及相关变体）在室状墓葬中，其间对应的形相关系不容易找到规律性，可能提示了部分图像与墓葬结构之间有着一定程度的独立性，而且也可能是各自不同的观念带来的差异。所以我们认为，带有画像的石椁墓和有画像的砖石多室墓之间并不一定构成逻辑上的发展关系，而是出于不同观念的不同墓葬选择，甚至是不同的墓葬观念交叉变化的呈现。带有画像的石椁墓在时间上未必都早，而多室墓未必就晚。《汉画总录·邹城卷》给我们提示的这个问题还需要大量的发掘和考证才能阐明，如果没有邹城汉画的遗迹的存在，有些问题则无从推敲和讨论。

其三，二次葬的问题。邹城的汉代石刻被发现的时候已为后代所再次使用，虽非特例，但这种使用的状态，如果仅仅看成是对石材的利用，也许并非那么简单，这一点杨爱国先生已经有所提示。使用之时，为什么选用此块，而不用另外一块？为什么拆了原来的形制？是否使用原来的墓椁和墓坑？关于再葬墓用石的情况，在这次调查中发现了三种：1. 邹城高李村画像石墓，使用不同时期的画像石来建造，其中第七、八、九三石分别位于后室西壁、后室东壁和西后室北壁，后被证明为同一祠堂的构件。2. 邹城面粉厂单室墓，该墓在东壁上层使用了一块画像石，石头一面为孔门弟子，有榜题，另一面为牛耕等场景，两面在雕刻技法上有较大差异。是否存在添刻的现象，尚需确切的证据进一步观测。3. 山东邹城峄山北龙河宋金墓 M1、M2、M3、M4 中皆使用了汉代画像石，除了纯粹利用原石外，可以看到原石有图像的一面（汉安元年文通祠堂有较长文字的一块）也被朝向墓内，这一点在汉代以后再葬用画像石中也是值得探讨的问题。这不是单纯用经济和技术可以解释的，一定有复杂的观念在其中，更何况在邹城的二次墓葬中，再使用时竟在石头的画面上加刻和添刻某些细节，使之符合新的墓葬需要。邹城有些带题铭的墓葬及其增刻痕迹的出现，对于这个问题的理解提供了重大的启示。

邹城石祠画像也有一些新内容被发现，此问题计划在《汉画总录·滕州卷》完成后一并陈述。

总体来说，《汉画总录·邹城卷》的编辑延续了《汉画总录·南阳卷》的方法，我们在描述画面的时候依旧采用确定的术语范围，仅限于已有的研究所确定的专词。这次的著录工作还是一个初步的基础工作。如有新的发现和疑问，我们以后会不断地在《汉画总录补遗》中呈现。

朱青生

北京大学汉画研究所

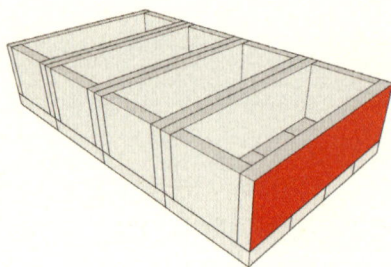

编号	SD-ZC-001-01(1)
时代	西汉
出土/征集地	郭里镇卧虎山 M2
出土/征集时间	1995 年出土
原石尺寸	83×280×16
质地	石灰岩
原石情况	原石呈长方形，基本完整。
组合关系	南石椁南椁板外侧

画面简述　画面分为左、中、右三格。左格画面原名《豫让二刺赵襄子》。上有一桥中断。右侧一御者驾马车载尊者，已安然度过。其后从骑，二骑已落水，骑者冠脱发散，二马仅露马首；另一骑者落马，拽断桥栏欲坠；其后一骑者紧急勒马。左下中一人执匕首欲自刎，左右各一人挽中者臂制止，长袖掩面拭泪。右侧一大鱼和一人，人身上可见水波纹，举一手游泳（一说为落水者）。中格上为一神人首，头有双角，散发侧扬，双目圆瞪，牙齿咭露，口衔长蛇，下颌有八字长须。右侧有云气纹。下左侧为侧坐的风神，口吐风气。其右一人（一说大禹），袍幅及膝，戴笠赤足前行。中为雷公，口吐闪电纹（？），赤脚侧身，双手各持一钺。右下升腾一龙。右格原名《群兽搏斗图》。左上一虎俯首左向（虎臀部线条改刻），右上一兽似虎。下一虎直立，撕咬一牛项背，此牛角抵虎腹。其下一兽、一虎，其右侧一鹿、二野猪。画面四周有两层边框，三格画面以两条竖框间隔。

著录与文献　邹城市文物管理局：《山东邹城市卧虎山汉画像石墓》，载《考古》1999 年第 6 期，46 页，图 9 下，47 页，图 10；胡新立：《邹城汉画像石》，北京：文物出版社，2008 年，5-6 页，图 5、6、7、8；黄永飞：《汉代墓葬艺术中的车马出行图像研究》，中央美术学院，硕士学位论文，2009 年，24 页，图 2.33；李莉：《由汉画像石对邹城牛文化的探讨》，载《中国畜禽种业》2011 年第 12 期，54 页，图 6；李立：《汉代石椁画像"叙事结构"与"叙事轨迹"研究——以山东邹城市卧虎山 M2 石椁墓南椁整体为例》，载《汉画像的叙述——汉画像的图像叙事学研究》，北京：中国社会科学出版社，2016 年，77-94 页；李立：《汉画空间方位叙事艺术的个案分析》，载《汉画像的叙述——汉画像的图像叙事学研究》，北京：中国社会科学出版社，2016 年，260-264 页；姜生：《汉帝国的遗产——汉鬼考》，北京：科学出版社，2016 年，125 页，图 2-3-3。

收藏单位　邹城博物馆

SD-ZC-001-01(1) 局部（与原石等大）

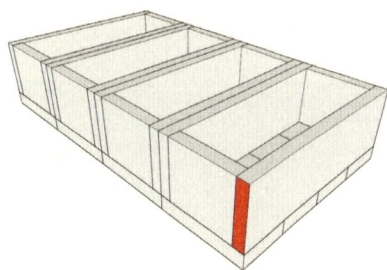

编号	SD-ZC-001-01(2)
时代	西汉
出土/征集地	郭里镇卧虎山 M2
出土/征集时间	1995 年出土
原石尺寸	83×16
质地	石灰岩
原石情况	原石呈长方形，基本完整。
组合关系	南石椁南椁板西端立面
画面简述	画面为阴线刻。刻一石阙，三层檐。上立一飞鸟。阙下有一门吏，荷戟立于阙后。
著录与文献	胡新立：《邹城汉画像石》，北京：文物出版社，2008 年，18 页，图 23；李立：《汉代石椁画像"叙事结构"与"叙事轨迹"研究——以山东邹城市卧虎山 M2 石椁墓南椁整体为例》，载《汉画像的叙述——汉画像的图像叙事学研究》，北京：中国社会科学出版社，2016 年，77-94 页；李立：《汉画空间方位叙事艺术的个案分析》，载《汉画像的叙述——汉画像的图像叙事学研究》，北京：中国社会科学出版社，2016 年，260-264 页。
收藏单位	邹城博物馆

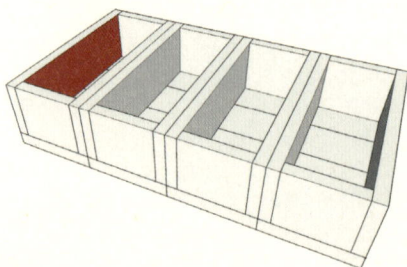

编号	SD-ZC-001-01(3)
时代	西汉
出土/征集地	郭里镇卧虎山 M2
出土/征集时间	1995 年出土
原石尺寸	83×280×16
质地	石灰岩
原石情况	原石呈长方形，基本完整。两侧及上部有凹槽结构，左侧三分之一处有残缺。
组合关系	南石椁南椁板内侧
画面简述	此图为阴线刻，图像内饰以细密斜线或麻点。画面分三格：左格，原名《高絙图》，中间为一竖架，中、上部各置一横杆，上部横杆左右各向地面拉出一条斜索。二人在上部横杆上单腿侧身扬长袖对舞，另有二服饰相同者沿两侧斜索双手扬长袖匍匐下滑。一人双腿倒挂上部横杆，双手触下垂散发。一人双手抓中部横杆空悬。左侧中一人戴冠着袍侧立。右上部三人，左侧一人体量较小，中立一女性，梳高髻垂鬓，着曳地长袍，右侧一人戴小冠，冠缨于颌下飘垂，外着袍，长袖下垂，袖下露一截竖杆（似为杖）。左右下角各一人头戴武冠执戟（？）跽坐。竖杆外侧各一人，左侧一人戴冠着袍侧立，左手上扬，右臂衣袖下垂似拄杖，右侧一人服饰相类，手似执一物不明。中格分上下两层。上层左侧立双虎跌座建鼓，上置华盖、羽葆，左右各有一人执桴边舞边击建鼓。右有二人吹排箫。右侧一人头戴冠，手抚案而坐（一说东王公？）。案下一酒樽内置勺，一人匍匐于樽旁。下层，车马出行，中有一马引一轺车，车上前为御者，后为戴冠的尊者。二人执盾荷不明物后从，一人执矛（？）仰倒。左侧一人持戟、一人执盾恭迎。右格分上下两层。上层中为西王母，戴方胜，两侧鬓发外翻，着长袍，双手扶案而坐，案两端刻上翘的鸟形。两侧各有二侍女，或持便面侧跪侍奉。西王母周围有云气纹、星象和酒樽（残）。下层左为九尾狐、三足鸟，右有玉兔持杵捣药，两只凤鸟共衔四星连线（一说为丹药）。画面左侧散布云气（？）纹。整幅图像有两层边框，图像间以两条竖框相隔，框间以平行斜线交错排列为装饰。
著录与文献	邹城市文物管理局：《山东邹城市卧虎山汉画像石墓》，载《考古》1999 年第 6 期，46 页，图 9 上；杜蕾：《山东汉画像石乐舞图像研究》，中国艺术研究院，硕士学位论文，2005 年，68 页，编码 131；胡新立：《邹城汉画像石》，北京：文物出版社，2008 年，1-3 页，图 1、2、3、4；刘若男：《从现存汉画像石（砖）资料中看两汉时期的舞蹈活动》，山东师范大学，硕士学位论文，2013 年，25 页，图 44；李立：《汉代石椁画像"叙事结构"与"叙事轨迹"研究——以山东邹城市卧虎山 M2 石椁墓南椁整体为例》，载《汉画像的叙述——汉画像的图像叙事学研究》，北京：中国社会科学出版社，2016 年，77-94 页；李立：《汉画空间方位叙事艺术的个案分析》，载《汉画像的叙述——汉画像的图像叙事学研究》，北京：中国社会科学出版社，2016 年，260-264 页；姜生：《汉帝国的遗产——汉鬼考》，北京：科学出版社，2016 年，125 页图 2-3-4，127 页图 2-4。
收藏单位	邹城博物馆

SD-ZC-001-01(3) 局部（与原石等大）

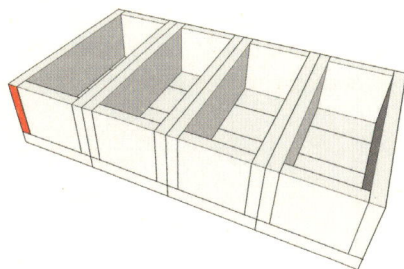

编号	SD-ZC-001-01(4)
时代	西汉
出土/征集地	郭里镇卧虎山 M2
出土/征集时间	1995 年出土
原石尺寸	83×16
质地	石灰岩
原石情况	原石呈长方形，基本完整。
组合关系	南石椁南椁板东端立面
画面简述	画面为阴线刻。刻白虎，有翼，虎身有条状花纹。
著录与文献	胡新立：《邹城汉画像石》，北京：文物出版社，2008 年，17 页，图 22；李立：《汉代石椁画像"叙事结构"与"叙事轨迹"研究——以山东邹城市卧虎山 M2 石椁墓南椁整体为例》，载《汉画像的叙述——汉画像的图像叙事学研究》，北京：中国社会科学出版社，2016 年，77-94 页；李立：《汉画空间方位叙事艺术的个案分析》，载《汉画像的叙述——汉画像的图像叙事学研究》，北京：中国社会科学出版社，2016 年，260-264 页。
收藏单位	邹城博物馆

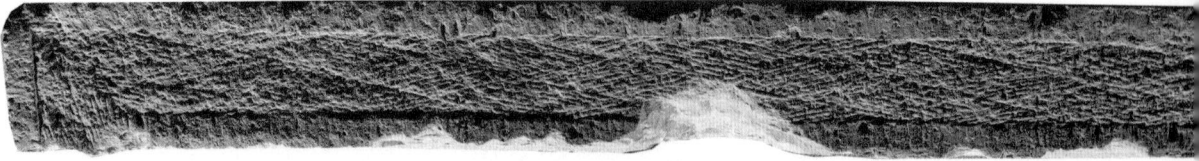

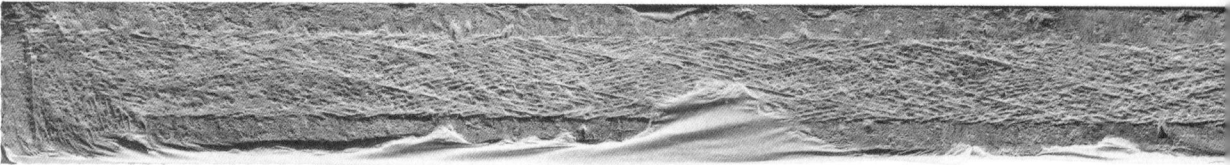

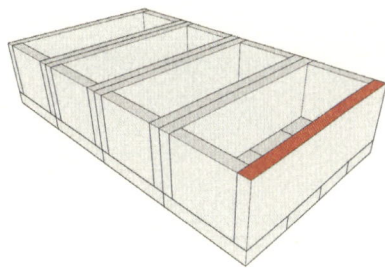

编号	SD-ZC-001-01(5)
时代	西汉
出土/征集地	郭里镇卧虎山 M2
出土/征集时间	1995 年出土
原石尺寸	280×16
质地	石灰岩
原石情况	原石呈长方形，基本完整。左侧三分之一处有残缺。
组合关系	南石椁南椁板顶面
画面简述	画面刻菱形线纹。
著录与文献	
收藏单位	邹城博物馆

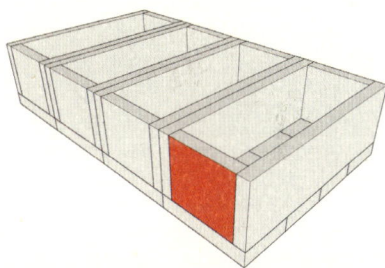

编号	SD-ZC-001-02(1)
时代	西汉
出土/征集地	郭里镇卧虎山 M2
出土/征集时间	1995 年出土
原石尺寸	84×94×16.5
质地	石灰岩
原石情况	原石呈方形，基本完整。
组合关系	南石椁西挡板外侧
画面简述	画面刻六只鹤（鹬？），中间二鹤单腿立于二鱼背上，回首共啄一鱼。二鹤两腿之间另有一鹤，亦立于鱼背，左向低头。中间两鹤的左右各有一鹤，口中各有一鱼，呈吞食状，其中左边鹤旁另有一鹤一鱼。空中有七只飞翔的鸿雁。整幅图像外有两层边框，框内以平行斜线交错排列为装饰。
著录与文献	邹城市文物管理局：《山东邹城市卧虎山汉画像石墓》，载《考古》1999 年第 6 期，49 页，图 13 右下；胡新立：《邹城汉画像石》，北京：文物出版社，2008 年，16 页，图 21；李立：《汉代石椁画像"叙事结构"与"叙事轨迹"研究——以山东邹城市卧虎山 M2 石椁墓南椁整体为例》，载《汉画像的叙述——汉画像的图像叙事学研究》，北京：中国社会科学出版社，2016 年，77-94 页；李立：《汉画空间方位叙事艺术的个案分析》，载《汉画像的叙述——汉画像的图像叙事学研究》，北京：中国社会科学出版社，2016 年，260-264 页。
收藏单位	邹城博物馆

编号	SD-ZC-001-02(2)
时代	西汉
出土/征集地	郭里镇卧虎山 M2
出土/征集时间	1995 年出土
原石尺寸	84×94×16.5
质地	石灰岩
原石情况	原石呈方形，基本完整。
组合关系	南石椁西挡板内侧
画面简述	画面为阴线刻。画面中部上刻一树，树上停立二鸟，右侧又有一鸟飞翔。树下刻五人，其中两人体形高大，三人体形较小，第一人着长袍，戴冠，持长杆鸠杖低首右向站立。中间二人体形较小，上一人双手上举，似将一物交给右侧之人，其下一人呈跪姿。第四人一手持一圆形物，另一手挂杖。最右一人持吾站立。图像外有三重边框，框内填刻斜条纹。边框四角各刻阴线，似为仿木椁的结构。
著录与文献	邹城市文物管理局：《山东邹城市卧虎山汉画像石墓》，载《考古》1999 年第 6 期，49 页，图 13 右上；胡新立：《邹城汉画像石》，北京：文物出版社，2008 年，15 页，图 20；李立：《汉代石椁画像"叙事结构"与"叙事轨迹"研究——以山东邹城市卧虎山 M2 石椁墓南椁整体为例》，载《汉画像的叙述——汉画像的图像叙事学研究》，北京：中国社会科学出版社，2016 年，77-94 页；李立：《汉画空间方位叙事艺术的个案分析》，载《汉画像的叙述——汉画像的图像叙事学研究》，北京：中国社会科学出版社，2016 年，260-264 页。
收藏单位	邹城博物馆

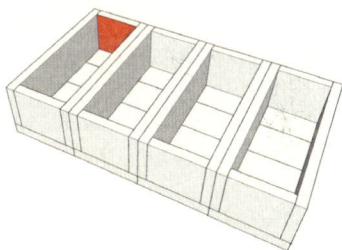

编号	SD-ZC-001-02(3)
时代	西汉
出土/征集地	郭里镇卧虎山 M2
出土/征集时间	1995 年出土
原石尺寸	94×16.5
质地	石灰岩
原石情况	原石呈长方形，基本完整。
组合关系	南石椁西挡板顶面
画面简述	画面刻菱形线纹。
著录与文献	
收藏单位	邹城博物馆

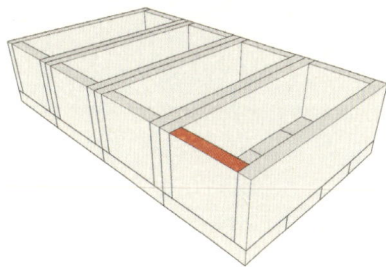

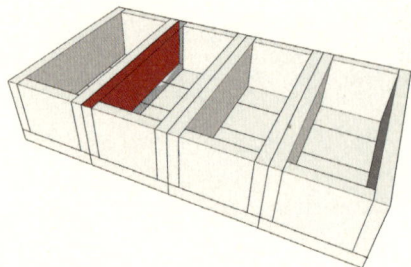

编号	SD-ZC-001-03(1)
时代	西汉
出土/征集地	郭里镇卧虎山 M2
出土/征集时间	1995 年出土
原石尺寸	84×279.5×17
质地	石灰岩
原石情况	原石呈长方形，基本完整。
组合关系	南石椁北椁板外侧
画面简述	此图为阴线刻，物象内饰以细密斜线或麻点。画面分为左、中、右三格。左格正中为大四坡顶建筑，正脊有网格纹，坡顶两侧有植物状凸起。左檐角有立鸟，右檐角有一攀猿。建筑前左右各有一双层阙，阙顶见立鸟，展翅欲飞，第一层上亦有一鸟。建筑双柱间有一辆二马轺车正面驶出。车上有二人，一尊者，一御者。尊者戴弁，御者一侧可见一物（羽葆？）支出。阙下左右各有一侍卫分别持戟、捧盾躬身侍立。画面左侧刻一树，树根右侧生出一新枝（？）。右阙下拴一马，头伸于料槽内吃草。中格分为上下两层。上层左起有两神人，一为鸡首人身，一为马首人身，皆侧身拱手而立。中有一人头戴雄鸡冠，腰间左右用绳各拴一只小乳猪，正面叉腿而立（此人一说为孔子弟子子路）。右二人皆头戴冠，其中居左者左手去抓另一武士，右手持斧，欲向武士砍去，居右武士则正面叉腿站立，瞋目张口，双手横握一长剑。二武士间刻卧虎。下层左侧有二人，左一人着长袍，身旁似放一瓮（？），一手持锤，另一手持未制作完的车轮。右为一妇女，面左跪（跽坐？），背上缚一小孩。其右刻一妇人梳高髻，着曳地长袍跪（跽坐？），一手持镜自照。最右侧刻二人体形较小，其中一人左向拄杖站立，另一人向左拜伏。右格画面中立有一树（扶桑树？），树干为巨人形，一臂下垂，右侧有一猿在树干上回首攀援。巨人头生两角，有六条枝桠，枝杈上有或栖息、或飞翔的八只鸟，树下左侧一人侧身援弓射鸟，身后二人，一人手提一射获之鸟，一手指向高处，另一人踞坐仰望。树下右侧一人侧身回首援弓射鸟，一人跪射，另一人扶杖回首仰望。树下另有一犬（？）蹲坐。
著录与文献	邹城市文物管理局：《山东邹城市卧虎山汉画像石墓》，载《考古》1999 年第 6 期，47 页，图 11 下；胡新立：《邹城汉画像石》，北京：文物出版社，2008 年，10-12 页，图 14、15、16、17；黄永飞：《汉代墓葬艺术中的车马出行图像研究》，中央美术学院，硕士学位论文，2009 年，23 页，图 2.9；李立：《汉画像的叙述——汉画像的图像叙事学研究》，北京：中国社会科学出版社，2016 年，第 72 页，图 2-51，图 2-52；李立：《汉代石椁画像"叙事结构"与"叙事轨迹"研究——以山东邹城市卧虎山 M2 椁墓南椁整体为例》，载《汉画像的叙述——汉画像的图像叙事学研究》，北京：中国社会科学出版社，2016 年，77-94 页；李立：《汉画空间方位叙事艺术的个案分析》，载《汉画像的叙述——汉画像的图像叙事学研究》，北京：中国社会科学出版社，2016 年，260-264 页；邢义田：《汉代画像中的"射爵射侯图"》，载《画为心声：画像石、画像砖与壁画》，北京：中华书局，2011 年，172 页，图 39.a、39.b；姜生：《汉帝国的遗产——汉鬼考》，北京：科学出版社，2016 年，124 页图 2-31；127 页图 2-5，157 页图 2-26。
收藏单位	邹城博物馆

SD-ZC-001-03(1) 局部

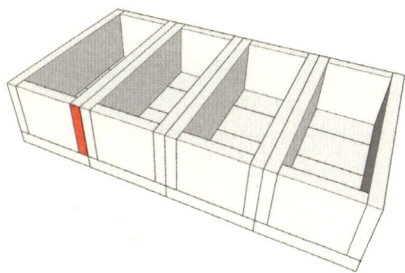

编号	SD-ZC-001-03(2)
时代	西汉
出土/征集地	郭里镇卧虎山 M2
出土/征集时间	1995 年出土
原石尺寸	84×17
质地	石灰岩
原石情况	原石呈长方形，基本完整。
组合关系	南石椁北椁板东端立面
画面简述	画面为浅浮雕。刻青龙，身体呈"s"形扭曲。
著录与文献	胡新立：《邹城汉画像石》，北京：文物出版社，2008 年，18 页，图 23；李立：《汉代石椁画像"叙事结构"与"叙事轨迹"研究——以山东邹城市卧虎山 M2 石椁墓南椁整体为例》，载《汉画像的叙述——汉画像的图像叙事学研究》，北京：中国社会科学出版社，2016 年，77-94 页；李立：《汉画空间方位叙事艺术的个案分析》，载《汉画像的叙述——汉画像的图像叙事学研究》，北京：中国社会科学出版社，2016 年，260-264 页。
收藏单位	邹城博物馆

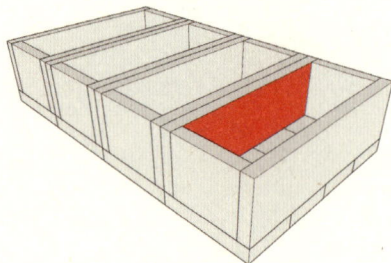

编号	SD-ZC-001-03(3)
时代	西汉
出土/征集地	郭里镇卧虎山 M2
出土/征集时间	1995 年出土
原石尺寸	84×279.5×17
质地	石灰岩
原石情况	原石呈长方形，基本完整。两侧及上部有凹槽结构。
组合关系	南石椁北椁板内侧
画面简述	此图为阴线刻，物象内饰以细密斜线或麻点。整个画面分左、中、右三格。左格图像中间为双阙，皆双层，阙顶有飞鸟、鹤（或鹳或鹄）共五只，阙下正中有两骑各执一棨戟，自阙内出，人、马均作正面视图。阙左右两侧各有一卫士，其中左边卫士躬身，持笏与盾；右边卫士持戟，亦躬身低首。中格图像分上、下两层。上层为车马出行，前有一人着短衣，持盾、荷长剑（刀）前导，中为一马轺车，车上坐一御者、一尊者，后有骑兵持戟负弓后从。下层左有二人，其中一老者（一说为伯乐）手持一物不明，一人（一说为九方皋）双手撑开马口，窥视牙齿。中为骏马，昂首挺立，头竖缨。右有二人，其中一人持物（疑为杖），后一人手扶剑，二人皆伸手作介绍状。右格图像分上下两层。上层为一四坡顶建筑，屋顶两侧坡面各有一大鸟栖落，屋顶中部可见一人斜展双臂而坐，周围有带状物环绕。下有双柱，柱间为二尊者，着长袍端坐，一手上举，一手向下斜伸且伸出一指。柱左侧檐下二人拜谒，其中一人低首躬身，一人跽坐。右侧檐下亦有二人，皆跽坐，前一人一手向上举，一手斜向下伸，似回首与后一人对语，后者似执物不明。下层为泗水捞鼎图。中为二立柱，上各置滑轮，两侧桥面呈斜坡状。两柱中间有一鼎，一绳拴鼎耳，一龙自鼎内跃出，似咬断另一鼎耳。左侧桥面上有三人，着短衣，其中一人执绳（勾？），二人倒伏后仰。右侧桥面上有二人着短衣，执绳索。下为水面，有一船，船上二人各举一手托鼎，另一手执杆撑船。船两旁各有一鱼。整幅图最外侧有一层边框，三小格图像外侧各有一细条边框，两层边框间以平行斜线交错排列为装饰。
著录与文献	邹城市文物管理局：《山东邹城市卧虎山汉画像石墓》，载《考古》1999 年第 6 期，47 页，图 11 上，48 页，图 12；杜蕾：《山东汉画像石乐舞图像研究》，中国艺术研究院，硕士学位论文，2005 年，68 页，编码 133；胡新立：《邹城汉画像石》，北京：文物出版社，2008 年，6-10 页，图 9、10、11、12、13；黄永飞：《汉代墓葬艺术中的车马出行图像研究》，中央美术学院，硕士学位论文，2009 年，23 页，图 2.9；李立：《汉代石椁画像"叙事结构"与"叙事轨迹"研究——以山东邹城市卧虎山 M2 石椁墓南椁整体为例》，载《汉画像的叙述——汉画像的图像叙事学研究》，北京：中国社会科学出版社，2016 年，77-94 页；李立：《汉画空间方位叙事艺术的个案分析》，载《汉画像的叙述——汉画像的图像叙事学研究》，北京：中国社会科学出版社，2016 年，260-264 页；邢义田：《汉画解读方法试探》，载《画为心声：画像石、画像砖与壁画》，北京：中华书局，2011 年，424 页，图 9.a、图 9.b；姜生：《汉帝国的遗产——汉鬼考》，北京：科学出版社，2016 年，124 页，图 2-3-2。
收藏单位	邹城博物馆

SD-ZC-001-03(3) 局部（与原石等大）

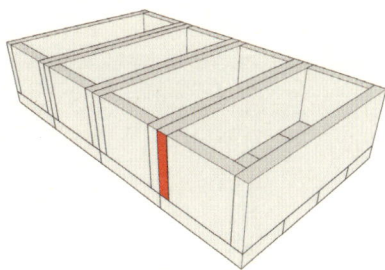

编号	SD-ZC-001-03(4)
时代	西汉
出土/征集地	郭里镇卧虎山 M2
出土/征集时间	1995 年出土
原石尺寸	84×17
质地	石灰岩
原石情况	原石呈长方形，基本完整。
组合关系	南石椁北椁板西端立面
画面简述	画面为阴线刻。刻一石阙，三层檐。上立一飞鸟。阙下有一门吏，荷戟立于阙后。
著录与文献	胡新立：《邹城汉画像石》，北京：文物出版社，2008 年，17 页，图 22；李立：《汉代石椁画像"叙事结构"与"叙事轨迹"研究——以山东邹城市卧虎山 M2 石椁墓南椁整体为例》，载《汉画像的叙述——汉画像的图像叙事学研究》，北京：中国社会科学出版社，2016 年，77-94 页；李立：《汉画空间方位叙事艺术的个案分析》，载《汉画像的叙述——汉画像的图像叙事学研究》，北京：中国社会科学出版社，2016 年，260-264 页。
收藏单位	邹城博物馆

编号	SD-ZC-001-03(5)
时代	西汉
出土/征集地	郭里镇卧虎山 M2
出土/征集时间	1995 年出土
原石尺寸	279.5×17
质地	石灰岩
原石情况	原石呈长方形，基本完整。
组合关系	南石椁北椁板顶面
画面简述	画面刻菱形线纹。
著录与文献	
收藏单位	邹城博物馆

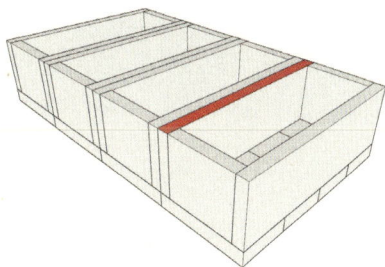

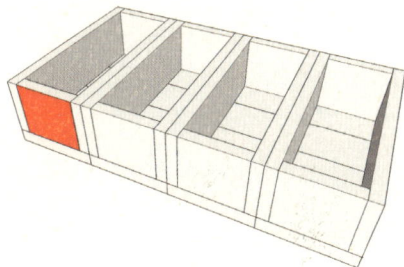

编号	SD-ZC-001-04(1)
时代	西汉
出土/征集地	郭里镇卧虎山 M2
出土/征集时间	1995 年出土
原石尺寸	84×95×16.5
质地	石灰岩
原石情况	原石呈方形，基本完整。
组合关系	南石椁东挡板外侧
画面简述	画面为阴线刻。中间刻左、右门扉，门上皆有铺首衔环，其上各有一白虎，相向张口作奔腾状，左、右下角各蹲一犬，一门吏持械半掩门扉而立。图像外有三重边框，框内填刻斜条纹。边框四角各刻阴线，似为仿木椁的结构。
著录与文献	邹城市文物管理局：《山东邹城市卧虎山汉画像石墓》，载《考古》1999 年第 6 期，49 页，图 13 左下；胡新立：《邹城汉画像石》，北京：文物出版社，2008 年，14 页，图 19；吴伟：《"启门"题材汉画像砖石研究》，南京大学，硕士学位论文，2013 年，26 页，图 8.2；郑岩：《西汉石椁墓与墓葬美术的转型》，载《逝者的面具——汉唐墓葬艺术研究》，北京：北京大学出版社，2013 年，第 94 页，图 15；郑岩：《论半启门》，载《逝者的面具——汉唐墓葬艺术研究》，北京：北京大学出版社，2013 年，381 页，图 3；李立：《汉代石椁画像"叙事结构"与"叙事轨迹"研究——以山东邹城市卧虎山 M2 石椁墓南椁整体为例》，载《汉画像的叙述——汉画像的图像叙事学研究》，北京：中国社会科学出版社，2016 年，77-94 页；李立：《汉画空间方位叙事艺术的个案分析》，载《汉画像的叙述——汉画像的图像叙事学研究》，北京：中国社会科学出版社，2016 年，260-264 页。
收藏单位	邹城博物馆

编号	SD-ZC-001-04(2)
时代	西汉
出土/征集地	郭里镇卧虎山 M2
出土/征集时间	1995 年出土
原石尺寸	84×95×16.5
质地	石灰岩
原石情况	原石呈方形，基本完整。
组合关系	南石椁东挡板内侧
画面简述	画面上方刻一有翼龙，一羽人控缰御龙。龙首前有云气，下有一羽人，肩胛有长羽，腰系飘带，手持仙草饲龙；其右有二凤鸟，皆尾分多歧，口衔连珠，相对而立；再右又一羽人，肩胛长羽，腰系飘带，双手各执一仙草返身回首而行。四周有边框，框内填刻斜条纹。
著录与文献	邹城市文物管理局：《山东邹城市卧虎山汉画像石墓》，载《考古》1999 年第 6 期，49 页，图 13 左上；胡新立：《邹城汉画像石》，北京：文物出版社，2008 年，13 页，图 18；李立：《汉代石椁画像"叙事结构"与"叙事轨迹"研究——以山东邹城市卧虎山 M2 石椁墓南椁整体为例》，载《汉画像的叙述——汉画像的图像叙事学研究》，北京：中国社会科学出版社，2016 年，77-94 页；李立：《汉画空间方位叙事艺术的个案分析》，载《汉画像的叙述——汉画像的图像叙事学研究》，北京：中国社会科学出版社，2016 年，260-264 页。
收藏单位	邹城博物馆

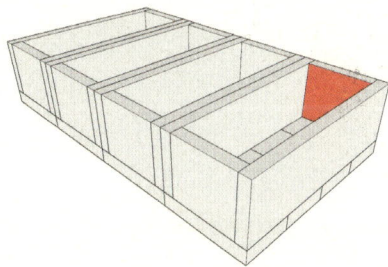

编号	SD-ZC-001-04(3)
时代	西汉
出土/征集地	郭里镇卧虎山 M2
出土/征集时间	1995 年出土
原石尺寸	95×16.5
质地	石灰岩
原石情况	原石呈长方形，基本完整。
组合关系	南石椁东挡板顶面
画面简述	画面刻菱形线纹。
著录与文献	
收藏单位	邹城博物馆

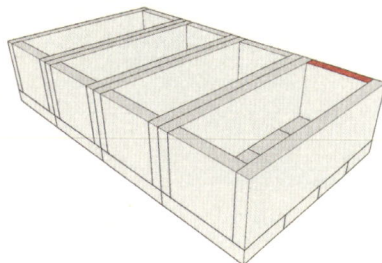

编号	SD-ZC-002-01
时代	西汉
出土/征集地	郭里镇卧虎山 M1
出土/征集时间	1995 年出土
原石尺寸	72×244×10
质地	石灰岩
原石情况	原石断为四截，断裂处有残损，四周基本完整。
组合关系	石椁西侧板
画面简述	此图为凹面线刻。画面分为左、中、右三格：左格中间有一辎车，车上御者探身挽缰驱马，一尊者端坐于车厢里，后有一侍从持盾相随；中格为双阙，皆为二层檐，阙顶各立一鸟，作振翅回首状，阙下左、右各有一树（一说柏树）；右格下稍残，正中刻两鹳（鹤？）回首啄鱼，鹳（鹤？）颈、鱼身刻麻点纹，鹳（鹤？）翅刻斜线纹。每格皆有边框，框内填刻菱形线纹。画面整体有边框，框内填刻菱形线纹。
著录与文献	邹城市文物管理局：《山东邹城市卧虎山汉画像石墓》，载《考古》1999 年第 6 期，45 页，图 6 下；胡新立：《邹城汉画像石》，北京：文物出版社，2008 年，20 页，图 25。
收藏单位	孟庙

编号	SD-ZC-002-02
时代	西汉
出土/征集地	郭里镇卧虎山 M1
出土/征集时间	1995 年出土
原石尺寸	71×76×9
质地	石灰岩
原石情况	原石呈长方形，从中断为两截。画面漫漶。
组合关系	石椁北挡板
画面简述	此图为凹面线刻。正中刻一铺首衔环，头上高起五出，圆目，长鼻，饰斜线。有两层边框。
著录与文献	邹城市文物管理局：《山东邹城市卧虎山汉画像石墓》，载《考古》1999 年第 6 期，45 页，图 7 下；胡新立：《邹城汉画像石》，北京：文物出版社，2008 年，20 页，图 26。
收藏单位	孟庙

编号	SD-ZC-002-03
时代	西汉
出土/征集地	郭里镇卧虎山 M1
出土/征集时间	1995 年出土
原石尺寸	72×186.5×10
质地	石灰岩
原石情况	原石左侧残缺，中间断裂残损。四周略有残损。
组合关系	石椁东侧板
画面简述	此图为凹面线刻。画面分左、中、右三格：左格残，仅在右下角可见一人执弓单膝跪射；中格下残，中为一形似双阙的建筑，其二层檐形似两格阙顶，一层檐中间左侧有一人面右而坐，右侧漫漶，似有一人，左柱下拴有一马，右柱下立四根戟；右格中部刻两虎（豹？），伏地，扬尾，竖耳，张口，相视欲斗，二虎上方有一只野猪（犬？），头向右，长鼻，竖耳，作奔跑状。每格皆有边框，框内填刻菱形线纹。画面整体有边框，框内填刻菱形线纹。
著录与文献	邹城市文物管理局：《山东邹城市卧虎山汉画像石墓》，载《考古》1999 年第 6 期，45 页，图 6 上；胡新立：《邹城汉画像石》，北京：文物出版社，2008 年，19 页，图 24；任昭君：《鲁南汉画像石角抵研究》，载《浙江体育科学》2012 年第 6 期，115 页，图 27。
收藏单位	孟庙

编号	SD-ZC-002-04
时代	西汉
出土/征集地	郭里镇卧虎山 M1
出土/征集时间	1995 年出土
原石尺寸	72.5×76.5×9
质地	石灰岩
原石情况	原石呈长方形，基本完整。画面漫漶。
组合关系	石椁南挡板
画面简述	此图为凹面线刻。刻三只水鸟（雁？），形体较瘦小，长尾、细长颈、尖喙。一只在天空中飞翔，另两只站立，低头探颈。四周有两层边框。
著录与文献	邹城市文物管理局：《山东邹城市卧虎山汉画像石墓》，载《考古》1999 年第 6 期，45 页，图 7 上；胡新立：《邹城汉画像石》，北京：文物出版社，2008 年，21 页，图 27。
收藏单位	孟庙

线描：胡新立

编号	SD-ZC-003-01
时代	西汉
出土/征集地	郭里镇卧虎山 M3
出土/征集时间	未发掘，原址回填
原石尺寸	71×102
质地	石灰岩
原石情况	原著录该石右部残损。
组合关系	石椁北椁板内侧
画面简述	此图为阴线刻，物象内饰以细密斜线或麻点。画面分左、中、右三格，仅余左格及中格的三分之一。左格中有一车马疾驰过桥，车后从上至下共三人持戟携盾随行；桥对面一人执幡而立，画面上方二人伏拜迎接。桥呈拱形，下有一鱼。中格可见一人执桴击鼓（？，鼓残）呈舞蹈状，上有二人跽坐相对而拜，再上可见（建鼓？）羽葆飘扬。画面每格皆有边框，框内填刻菱形纹。画面整体边框内亦填刻菱形纹。
著录与文献	胡新立：《邹城汉画像石》，北京：文物出版社，2008 年，22 页，图 28。
收藏单位	

线描：胡新立

编号	SD-ZC-003-02
时代	西汉
出土/征集地	郭里镇卧虎山 M3
出土/征集时间	未发掘，原址回填
原石尺寸	71×138
质地	石灰岩
原石情况	原著录该石左部残损。
组合关系	石椁南椁板内侧
画面简述	此图为阴线刻。现存中格，为狩猎图像，画面整体为群山丛林，左侧一兽（残）奔跑，右有五只猎犬在后追赶；左上角一人、右下方两人各持械呈奔跑状；另，左下方有三人相对而立。
著录与文献	胡新立：《邹城汉画像石》，北京：文物出版社，2008 年，21 页，图 30。
收藏单位	

线描：胡新立

编号	SD-ZC-003-03
时代	西汉
出土/征集地	郭里镇卧虎山 M3
出土/征集时间	1996 年出土
原石尺寸	71×138
质地	石灰岩
原石情况	原址填埋
组合关系	石椁椁板
画面简述	此图为阴线刻，仅余画面左格。画面整体分为三层。第一层刻飞鸟四只；第二层刻四人：左起第一人手持竿，第二人双手伏地右跪，第三人踞坐，第四人伏地跪拜；第三层刻六人，左起第一人手举弩站立，第二人面左站立，第三人仰首拉弓，第四人面左站立，第五人仰首拉弓，第六人一手举弩站立。画面整体四周有框，填刻菱形线纹。
著录与文献	胡新立：《邹城汉画像石》，北京：文物出版社，2008 年，26 页，图 32。
收藏单位	

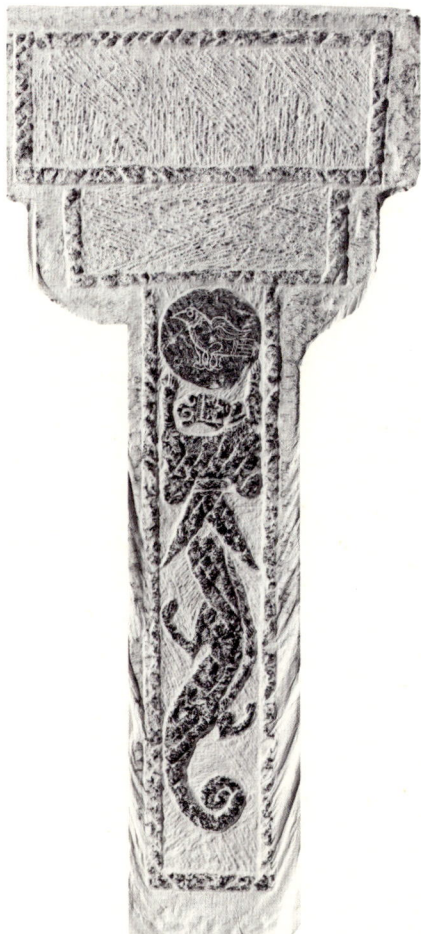

编号	SD-ZC-004-01(1)
时代	东汉
出土/征集地	郭里镇高李村 M1
出土/征集时间	1990 年出土
原石尺寸	144×58.6×25.3
质地	石灰岩
原石情况	原石基本完整，下端与一覆盆底座相接。立柱部分左侧边缘稍有残缺。
组合关系	前室南壁中立柱
画面简述	此图为浅浮雕。原石上部呈栌斗形，无图案。其下为长方形立柱，画面刻一半人半龙神，着长袍，头横仰，双手上举托日轮。日轮正中阴刻三足乌，一说为"羲和捧日"。
著录与文献	邹城市文物管理处：《山东邹城高李村汉画像石墓》，载《文物》1994 年第 6 期，25 页，图 4；赖非主编《中国画像石全集·2·山东汉画像石》，济南：山东美术出版社，2000 年，54 页，图 62；胡新立：《邹城汉画像石》，北京：文物出版社，2008 年，29 页，图 35。
收藏单位	邹城博物馆

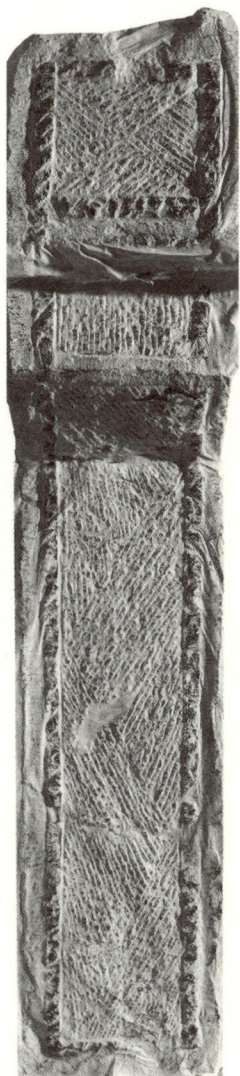

编号	SD-ZC-004-01(2)
时代	东汉
出土/征集地	郭里镇高李村 M1
出土/征集时间	1990 年出土
原石尺寸	144×25.4×58.6
质地	石灰岩
原石情况	原石呈长方形，基本完整。
组合关系	前室立柱石的侧面
画面简述	上部呈栌斗形，下部为柱形，皆有边框，内填刻菱形纹。
著录与文献	
收藏单位	邹城博物馆

编号	SD-ZC-004-01(3)
时代	东汉
出土/征集地	郭里镇高李村 M1
出土/征集时间	1990 年出土
原石尺寸	144×25.4×58.6
质地	石灰岩
原石情况	原石呈长方形，基本完整。
组合关系	前室立柱石的侧面
画面简述	上部呈栌斗形，下部为柱形，皆有边框，内填刻菱形纹。
著录与文献	
收藏单位	邹城博物馆

编号	SD-ZC-004-02
时代	东汉
出土/征集地	郭里镇高李村 M1
出土/征集时间	1990 年出土
原石尺寸	91.5×213.5×19.5
质地	石灰岩
原石情况	原石呈长方形，基本完整。
组合关系	前室西壁
画面简述	此图为浅浮雕。画面正中是一座拱桥，桥上有栏杆。桥顶竖两高杆，杆身有竖纹，杆顶有枕形横档（似为辘轳）。有绳索通过，绳索为组编而成。绳一端拴在桥下的鼎上，另一端握在桥两侧捞鼎者手中。捞鼎人左六右七，除左侧下部一人为男子（有须）外，余为女子，其中有一女托抱孩童。桥上正中站立一人，戴通天冠（？）。桥下巨鼎刚露出水面，鼎中冒出一蛟龙，咬啮绳索（似咬断鼎耳）。鼎两侧桥柱旁各有一鸟在仰首观望。左边立一阙，四坡顶，两侧各有一猴攀上。檐口下有三栌斗，其下二梁枋间墙面可见圆点纹；阙身有双柱，柱上有栌斗，下有柱础，墙面有菱形纹。阙左右各坐二人，戴进贤冠，拱手。阙右上方有双鸟对喙和羽人饲鸟图像。桥右侧有双凤鸟、瑞鸟。中部为羽人饲神兽，神兽为鸟头、四足、长尾，有翼。下部有一酒壶，一人戴进贤冠，侧面躬身拱手施礼，身后一人正面立，头略向右侧，双手交于腹前，长须，高鼻深目，下身似着袴。一说为"秦王泗水取鼎"图。左、右、下有三层边框，下沿另有一栏杆状结构，上沿无框，应与另一石相接。
著录与文献	邹城市文物管理处：《山东邹城高李村汉画像石墓》，载《文物》1994 年第 6 期，26 页，图 5；赖非主编《中国画像石全集·2·山东汉画像石》，济南：山东美术出版社，2000 年，52-53 页，图 60；胡新立：《邹城汉画像石》，北京：文物出版社，2008 年，30-31 页，图 36、37；邢义田：《汉画解读方法试探》，载《画为心声：画像石、画像砖与壁画》，北京：中华书局，2011 年，422 页，图 8。
收藏单位	邹城博物馆

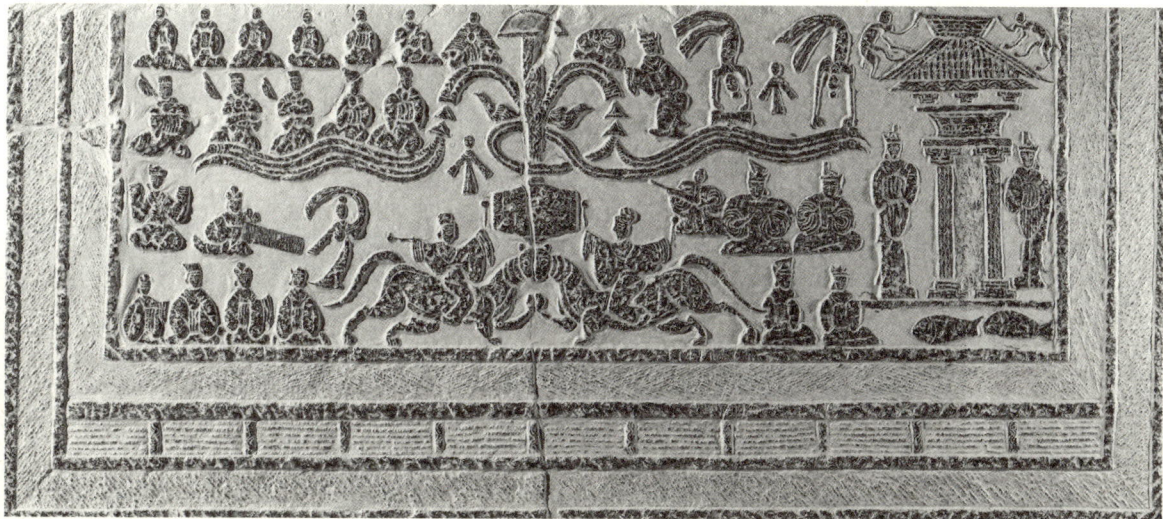

编号	SD-ZC-004-03
时代	东汉
出土/征集地	郭里镇高李村 M1
出土/征集时间	1990 年出土
原石尺寸	85×205×21
质地	石灰岩
原石情况	原石呈长方形，裂为三块。基本完整。
组合关系	前室东壁
画面简述	此图为浅浮雕。画面正中立一建鼓，鼓上竖立柱，柱上饰华盖羽葆，羽葆飘拂甚长，末端作鸟头形，下层羽葆上立二鸟。虎形鼓趺。建鼓的下部有二人骑虎趺上挥双臂击鼓。两虎相对，共一首。建鼓左侧上部有两排人物正面端坐观舞。上排八人似戴冠，拱手。其中最右侧人物形象残损，右二者怀中有一小孩。下排五人似戴帽（？），皆怀抱婴儿，左边三人皆一手执便面。下部一人端坐，双手上举，一人鼓瑟，一人挥长袖起舞。再下四人端坐。建鼓右侧上部有一人躬身侧立，二女伎盘高髻，上身赤裸，居左者在樽上倒立，居右者似握球倒立。二女伎间立一小孩（侏儒？）。中部三人正坐奏乐，其中一人吹竿，一人似吹篪，一人吹排箫。右端有一阙，四坡顶，两侧各有一猴攀上。檐口饰波状花纹，下有三栌斗，其下二梁枋间墙面可见圆点纹；阙身有双柱，饰三角形纹，柱上有栌斗，下有柱础，墙面有菱形纹。阙左右各有一人拱手而立，阙下方刻二鱼，鱼左边又有二人端坐。左、右、下有三层边框，下沿另有一栏杆状结构，上沿无框，应与另一石相接。
著录与文献	邹城市文物管理处：《山东邹城高李村汉画像石墓》，载《文物》1994 年第 6 期，26 页，图 6；赖非主编《中国画像石全集·2·山东汉画像石》，济南：山东美术出版社，2000 年，52-53 页，图 61；杜蕾：《山东汉画像石乐舞图像研究》，中国艺术研究院，硕士学位论文，2005 年，68 页，编码 129；胡新立：《邹城汉画像石》，北京：文物出版社，2008 年，34-35 页，图 39；刘若男：《从现存汉画像石（砖）资料中看两汉时期的舞蹈活动》，山东师范大学，硕士学位论文，2013 年，26 页，图 45；《中国音乐文物大系》总编辑部：《中国音乐文物大系·山东卷》，郑州：大象出版社，2001 年，287 页，图 2·5·10a。
收藏单位	邹城博物馆

SD-ZC-004-03 局部（与原石等大）

SD-ZC-004-03 局部（与原石等大）

编号	SD-ZC-004-04
时代	东汉
出土/征集地	郭里镇高李村 M1
出土/征集时间	1990 年出土
原石尺寸	82×179×25
质地	石灰岩
原石情况	原石呈长方形，裂为四块。基本完整。
组合关系	
画面简述	此图为浅浮雕。上沿部饰变形云气纹图案，下沿部饰鱼纹图案。画面左侧刻一山峰，层峦叠嶂，每个山包前刻一胡人头像。三匹马从山中奔出，仅露前半身；一匹马驰入，露出后半身。山右画面分上下两层，上层四骑正向山中逃窜，四蹄腾空。其中两匹马背上乘骑士，一匹马上的骑士已跌落马下。右刻十胡人，上四下六，皆双手反缚，跪于地上，无冠，头发散乱，当为俘虏。后三步卒分别戴介帻、武弁大冠、进贤冠，身着短衣，其中前一人执钩镶、环首刀，后二人执盾、环首刀。再后二骑吏戴武弁大冠，前一人执盾、环首刀，其后骑吏下有一兽倒躺，兽尖吻，身有环形斑纹，可见鬃毛，似野猪（熊？）。最后为五步卒，其中二人张弓欲射，三人荷戟。下层左有二骑士格斗，居左者戴尖顶帽，应为胡人，身后可见箭箙，执弓欲射；居右者戴武弁大冠，双手持戟前刺。两马之间跪一胡人反缚。后一骑吏策马奔驰，张弓欲射，身后可见箭箙。马下躺二具尸身，皆无首。再后为两车，前为三马拉辎（軿？）车，后为一马拉轺车，车上可见一御者、一尊者。最后为二骑随从。四周有边框。
著录与文献	邹城市文物管理处：《山东邹城高李村汉画像石墓》，载《文物》1994 年第 6 期，26-27 页，图 7；赖非主编《中国画像石全集·2·山东汉画像石》，济南：山东美术出版社，2000 年，56-57 页，图 64；胡新立：《邹城汉画像石》，北京：文物出版社，2008 年，32-33 页，图 38；邢义田：《汉代画像胡汉战争图的构成、类型与意义》，载《画为心声：画像石、画像砖与壁画》，北京：中华书局，2011 年，355 页，图 30；朱浒：《汉画像胡人图像研究》，上海大学，博士学位论文，2012 年，65 页，图 2-48；朱浒：《汉画像胡汉战争图新议》，载《中国美术研究》2012 年 Z1 期，74 页，图 4。
收藏单位	邹城博物馆

编号	SD-ZC-004-05
时代	东汉
出土/征集地	郭里镇高李村 M1
出土/征集时间	1990 年出土
原石尺寸	70.5×49.5×8
质地	石灰岩
原石情况	原石呈长方形，裂为两截。基本完整。左侧有凹阶。
组合关系	前室北壁西侧
画面简述	此图为浅浮雕。画面分为三部分。上部刻垂弧纹。中部二人，居左者戴进贤冠，手持一杖，着长袍，侧身站立；居右者戴武弁大冠，着长袍，拱手正身站立。下部刻 T 形结构，并饰波状花纹，结构间填刻横纹。四周有双边框，框内填刻斜条纹。
著录与文献	邹城市文物管理处：《山东邹城高李村汉画像石墓》，载《文物》1994 年第 6 期, 28 页, 图 8；胡新立：《邹城汉画像石》，北京：文物出版社，2008 年，36 页，图 40。
收藏单位	孟府习儒馆

编号	SD-ZC-004-06
时代	东汉
出土/征集地	郭里镇高李村 M1
出土/征集时间	1990 年出土
原石尺寸	70×49.5×14.5
质地	石灰岩
原石情况	原石呈长方形，基本完整。
组合关系	前室北壁东侧
画面简述	此图为浅浮雕。画面分为三部分。上部刻垂弧纹。中部二人，居右者戴进贤冠，手持一杖，着长袍，侧身站立；居左者戴武弁大冠，着长袍，拱手正身站立。下部刻 T 形结构，并饰波状花纹，结构间填刻横纹。四周有双边框，填刻斜条纹。
著录与文献	邹城市文物管理处：《山东邹城高李村汉画像石墓》，载《文物》1994 年第 6 期，28 页，图 9；胡新立：《邹城汉画像石》，北京：文物出版社，2008 年，37 页，图 41；邢义田：《汉代画像胡汉战争图的构成、类型与意义》，载《画为心声：画像石、画像砖与壁画》，北京：中华书局，2011 年，361 页，图 37。
收藏单位	孟府习儒馆

编号	SD-ZC-004-07
时代	东汉
出土/征集地	郭里镇高李村 M1
出土/征集时间	1990 年出土
原石尺寸	70×139.5×18
质地	石灰岩
原石情况	原石呈长方形，基本完整。两侧及背面呈毛石状。
组合关系	西后室西壁，石祠中壁
画面简述	此图为浅浮雕。画面正中为一重檐（？）四坡顶建筑，瓦垄清晰。正脊垂脊饰横纹，左右各有一猴沿垂脊攀上。右垂脊上方另有一鸮，檐口饰波状纹。檐下可见四立柱，两高两矮，矮柱为半柱（一说为高柱所遮挡，以表现前后关系），柱身皆刻波状纹，上有栌斗，下有柱础。檐下正中悬一半弧形垂幔，下端坐一人（墓主人？祠主？），头戴进贤冠，一手持便面，身后一几（？）。檐下左右两侧各有四人端坐，皆戴进贤冠。其下有栏杆（一说为建筑台基）状结构，上沿及支柱饰波状纹，中间填刻横纹。画面左上方另有一人手持便面而坐，右上方一人拱手而坐。四周有边框，上、左、右三边有三层边框，画面顶部的屋顶打破上边框。
著录与文献	邹城市文物管理处：《山东邹城高李村汉画像石墓》，载《文物》1994 年第 6 期，28 页，图 10；杜蕾：《山东汉画像石乐舞图像研究》，中国艺术研究院，硕士学位论文，2005 年，68 页，编码 130；胡新立：《邹城汉画像石》，北京：文物出版社，2008 年，38 页，图 42；谢健、程明：《邹城东汉祠堂整理与研究》，载《中国汉画学会第十一届年会论文集》，北京：高等教育出版社，2008 年，493 页，图 2。
收藏单位	邹城博物馆

SD-ZC-004-07 局部（与原石等大）

编号	SD-ZC-004-08(1)
时代	东汉
出土/征集地	郭里镇高李村 M1
出土/征集时间	1990 年出土
原石尺寸	69×69×20
质地	石灰岩
原石情况	原石呈方形，左上角有残缺。右侧及背面呈毛石状。
组合关系	东后室西壁，石祠左壁
画面简述	此图为浅浮雕。画面分二层，上层三人皆戴冠，着长袍，正面端坐，似在观舞。下层刻三人，左中为二女伎，居左者束高髻，着束腰长袖衣，双臂斜伸，一手似执巾。居中者头顶盘高髻。身体前倾，左臂曲举上扬，右臂斜伸，长袖飘拂，呈舞蹈状。右为一人戴冠，端坐抚瑟，瑟面刻弦十根。四周有较复杂边框，上、左有三层边框，右有两层，下有两层，其中一层似栏杆状结构。
著录与文献	邹城市文物管理处：《山东邹城高李村汉画像石墓》，载《文物》1994 年第 6 期，29 页，图 11；杜蕾：《山东汉画像石乐舞图像研究》，中国艺术研究院，硕士学位论文，2005 年，68 页，编码 130；胡新立：《邹城汉画像石》，北京：文物出版社，2008 年，39 页，图 43；谢健、程明：《邹城东汉祠堂整理与研究》，载《中国汉画学会第十一届年会论文集》，北京：高等教育出版社，2008 年，493 页，图 2；《中国音乐文物大系》总编辑部：《中国音乐文物大系·山东卷》，郑州：大象出版社，2001 年，287 页，图 2·5·10b。
收藏单位	邹城博物馆

编号	SD-ZC-004-08(2)
时代	东汉
出土/征集地	郭里镇高李村 M1
出土/征集时间	1990 年出土
原石尺寸	20×69×69
质地	石灰岩
原石情况	原石呈长方形，右上角有残缺。左侧及背面呈毛石状。
组合关系	东后室西壁，石祠左壁
画面简述	画面为浅浮雕。自上而下刻三鱼，首尾相接。可见左右两侧有框，其余已残损。
著录与文献	
收藏单位	邹城博物馆

编号	SD-ZC-004-09(1)
时代	东汉
出土/征集地	郭里镇高李村 M1
出土/征集时间	1990 年出土
原石尺寸	69×84×18
质地	石灰岩
原石情况	原石呈方形，基本完整。左侧及背面呈毛石状。
组合关系	石祠右壁
画面简述	此图为浅浮雕。画面分二层，上层左右各有一侍从，戴平巾帻，着长袍，居左者双手前伸站立，居右者拱手站立。中间二人正面端坐，当为观者。下层中间刻一博盘，左右二人对博，博盘、算筹清晰可辨。居左者头戴巾帻，着宽袖长袍，正面端坐，双臂伸开；居右者头戴进贤冠，着宽袖长袍，侧身坐，一手前伸对弈。四周有边框，其中左侧二层边框，其余三边三层边框。除下层内侧边框为栏杆状结构外，其余边框间填刻斜纹与菱形纹。
著录与文献	邹城市文物管理处：《山东邹城高李村汉画像石墓》，载《文物》1994 年第 6 期，29 页，图 12；杜蕾：《山东汉画像石乐舞图像研究》，中国艺术研究院，硕士学位论文，2005 年，68 页，编码 130；胡新立：《邹城汉画像石》，北京：文物出版社，2008 年，40 页，图 44；谢健、程明：《邹城东汉祠堂整理与研究》，载《中国汉画学会第十一届年会论文集》，北京：高等教育出版社，2008 年，493 页，图 2。
收藏单位	邹城博物馆

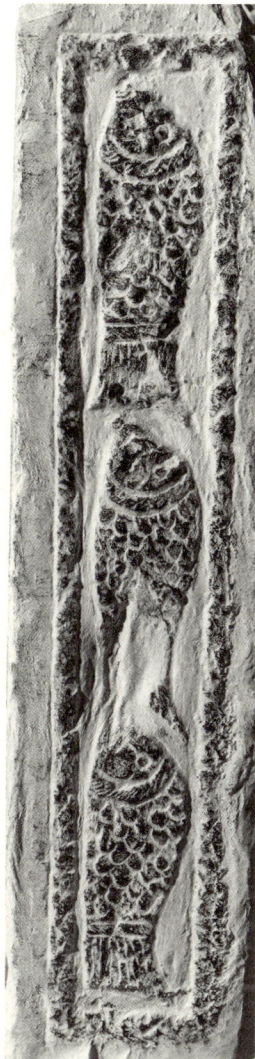

编号	SD-ZC-004-09(2)
时代	东汉
出土/征集地	郭里镇高李村 M1
出土/征集时间	1990 年出土
原石尺寸	18×69×84
质地	石灰岩
原石情况	原石呈长方形，右上角略有残缺。
组合关系	石祠右壁
画面简述	画面为浅浮雕。自上而下刻三鱼，首尾相接。画面四周有框。
著录与文献	
收藏单位	邹城博物馆

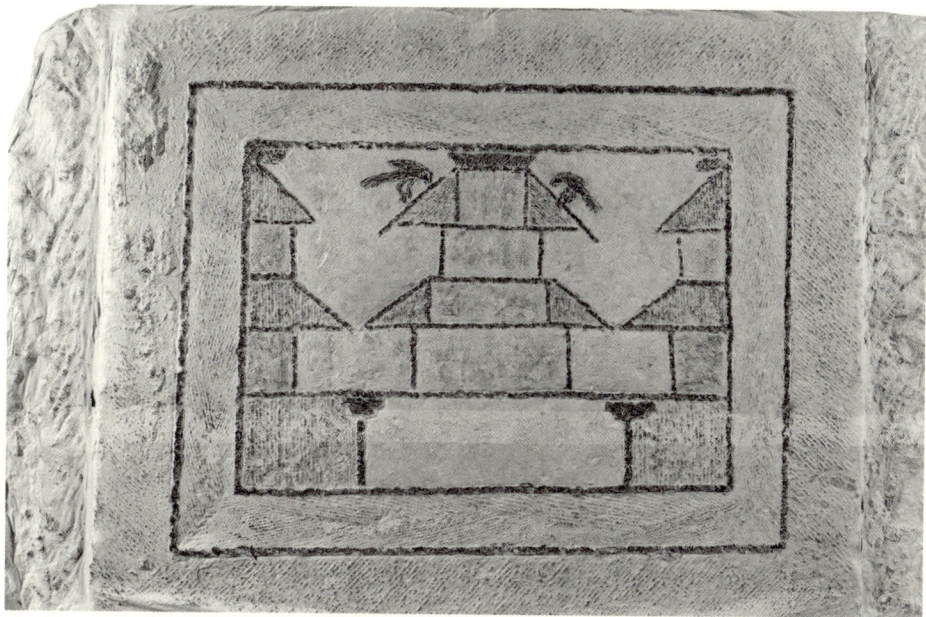

编号	SD-ZC-004-10
时代	东汉
出土/征集地	郭里镇高李村 M1
出土/征集时间	1990 年出土
原石尺寸	93×145.5×15
质地	石灰岩
原石情况	原石呈长方形，两端有凹阶。
组合关系	西后室北壁
画面简述	此图为浅浮雕。画面为楼阁建筑，三座楼阁底层共一台（一说为廊）。中间楼阁在台（廊）上共二层，皆四坡顶，上层垂脊左右各有一鸟，且上层建筑宽度较下层有明显缩减。主楼两侧楼的式样与其相同，画面中仅显露一半。下层为台（廊），立有二柱，立柱之外刻条纹，似为填充支撑物，柱顶为栱承托。四周有两层边框，内填斜线纹。
著录与文献	邹城市文物管理处：《山东邹城高李村汉画像石墓》，载《文物》1994 年第 6 期，30 页，图 13；胡新立：《邹城汉画像石》，北京：文物出版社，2008 年，41 页，图 45。
收藏单位	孟庙

编号	SD-ZC-005
时代	东汉
出土/征集地	郭里镇郭里
出土/征集时间	1963 年收集
原石尺寸	66.5×97.5×14
质地	石灰岩
原石情况	原石呈长方形，基本完整。两侧有凹阶。
组合关系	
画面简述	此图为减地平面刻。画面自上而下分为四层。第一层刻变形云气纹。第二层刻连弧纹。第三层中为西王母，头戴方胜，居中正面端坐，左右有二侍者，均手持便面。其左右两侧又各有二人端坐，扭头面向西王母。下层有二辆軿车向左行，前车车厢前后皆有二人将头探出车外。軿车后有一人持笏而立，或为送行者，可见腰带。画面上下有边框。
著录与文献	胡新立：《邹城汉画像石》，北京：文物出版社，2008 年，42-43 页，图 46、47。
收藏单位	孟府习儒馆

编号	SD-ZC-006
时代	东汉
出土/征集地	郭里镇郭里
出土/征集时间	1963 年收集
原石尺寸	90×84×18
质地	石灰岩
原石情况	原石左侧面有严整刻纹，右侧有凹阶，似与另一石相接。
组合关系	
画面简述	此图为浅浮雕。画面自上而下分为三层，第一层为一重檐四坡顶建筑，正脊左侧残损，右可见一钩卷（装饰？），二鸟栖于垂脊两侧，下层檐内中空，并有双短柱及斗栱支撑，中端坐一人。檐下有双立柱支撑，上有大栌斗承托。柱间正中刻一人戴进贤冠，袖手端坐。檐下左侧一人戴进贤冠，执笏拜谒；右一人戴冠，拱手跽坐。第二层刻五人，头戴平巾帻（？），正面端坐。第三层刻二犬，左向奔跑。四周有框。
著录与文献	山东省博物馆、山东省文物考古研究所编《山东汉画像石选集》，济南：齐鲁书社，1982 年，图 86、87；赖非主编《中国画像石全集·2·山东汉画像石》，济南：山东美术出版社，2000 年，64 页，图 72；胡新立：《邹城汉画像石》，北京：文物出版社，2008 年，44-45 页，图 48、49。
收藏单位	孟庙

编号	SD-ZC-007
时代	东汉
出土/征集地	郭里镇郭里
出土/征集时间	1963 年收集
原石尺寸	59×402×31.5
质地	石灰岩
原石情况	原石呈长方形，两端呈毛石状。
组合关系	
画面简述	此图为浅浮雕。画面分为左、中、右三格。中格分为上下两层。左右两格刻铺首衔环，左格绶带拴于环上，右格绶带拴于怪兽鼻上。中格上层刻二龙交互缠绕，回首向上，可见四肢及长尾。龙身下有一辇车，车有卷棚，车身较长，棚内可见一御者。后有一人戴介帻骑马相随。四周有框。
著录与文献	山东省博物馆、山东省文物考古研究所编《山东汉画像石选集》，济南：齐鲁书社，1982 年，图 88；常任侠：《中国美术全集·画像石画像砖》，上海：上海人民美术出版社，1988 年，48 页，图 58；胡新立：《邹城汉画像石》，北京：文物出版社，2008 年，46-47 页，图 50。
收藏单位	孟庙

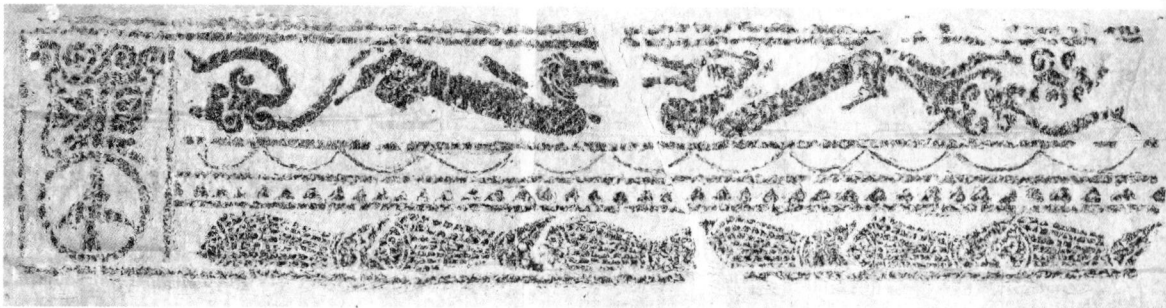

拓片：根据胡新立著录复制

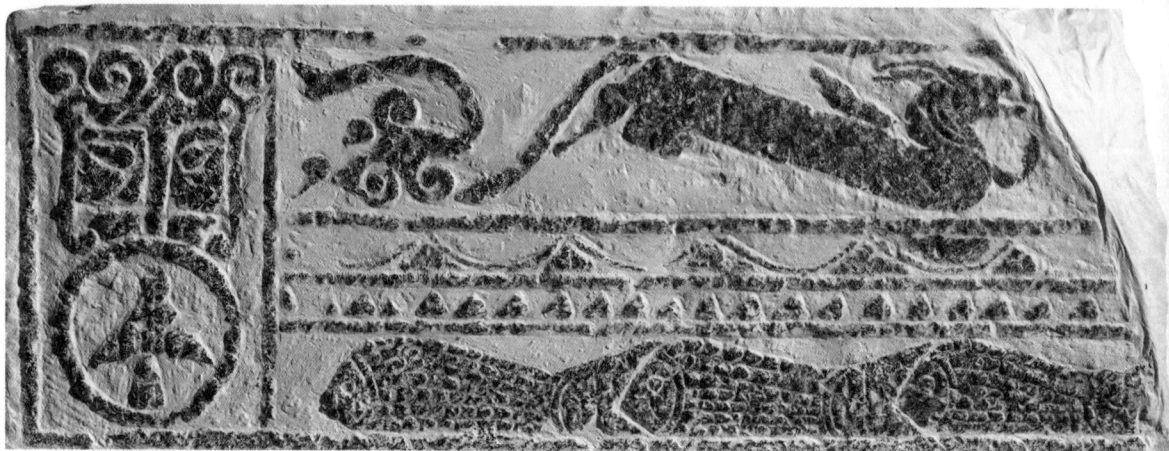

编号	SD-ZC-008
时代	东汉
出土/征集地	郭里镇郭里
出土/征集时间	1963 年收集
原石尺寸	55×148×20.5
质地	石灰岩
原石情况	原石中间断裂，现存左半边。
组合关系	
画面简述	此图为浅浮雕。画面分为左右两格，左格刻一铺首衔环，铺首头部凸起物呈卷曲状，环内似刻一鸟。右格画面自上而下分为四层：第一层刻二翼龙相向而对（现残缺一条龙），第二层刻连弧纹，第三层刻三角形纹，第四层刻六条鱼（现残缺三鱼）向左而贯行。上、下、左三边可见框。
著录与文献	胡新立：《邹城汉画像石》，北京：文物出版社，2008 年，46 页，图 51。
收藏单位	孟庙

编号	SD-ZC-009
时代	东汉
出土/征集地	郭里镇郭里
出土/征集时间	1963 年收集
原石尺寸	62×145×24.5
质地	石灰岩
原石情况	原石残余两块，整体呈长方形，上部及右端残缺。
组合关系	
画面简述	此图为浅浮雕。画面分为上下两格，上格左起有一羽人双手前伸，坐于一圆柱物上；中有二凤，尾分四叉，相对而立；右一人戴冠着袍，手持柱状物，正面端坐；再右似一人残。下格左起二人戴进贤冠，立于树（连理树？）侧，右有一羽人手持芝草（？）饲凤，凤尾分四叉，头生双羽，再右有一轺车右行，前有御者，尊者乘于后，右端残，仅见车轮。画面右残，下有双排菱形纹及双边框，左方单边框。
著录与文献	山东省博物馆、山东省文物考古研究所编《山东汉画像石选集》，济南：齐鲁书社，1982 年，图 89；赖非主编《中国画像石全集·2·山东汉画像石》，济南：山东美术出版社，2000 年，54-85 页，图 91；胡新立：《邹城汉画像石》，北京：文物出版社，2008 年，47 页，图 52；朱浒：《汉画像胡人图像研究》，上海大学，博士学位论文，2012 年，66 页，图 2-52；李立：《汉画像的叙述——汉画像的图像叙事学研究》，北京：中国社会科学出版社，2016 年，62 页，图 2-13。
收藏单位	孟庙

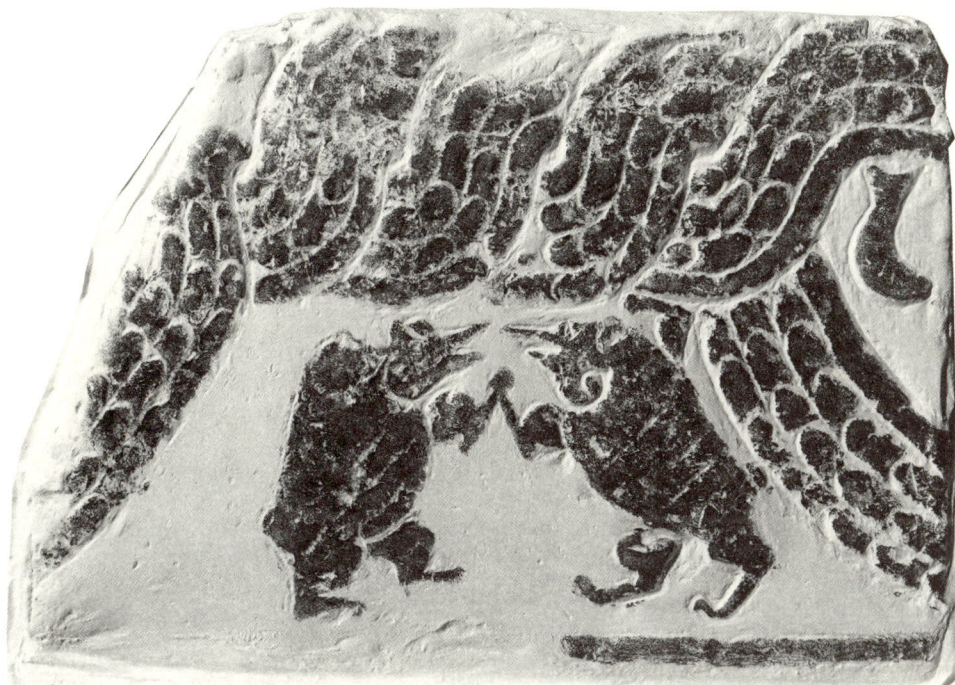

编号	SD-ZC-010
时代	东汉
出土/征集地	郭里镇郭里
出土/征集时间	1963 年收集
原石尺寸	47×69×20.5
质地	石灰岩
原石情况	原石呈长方形，上、左、右三边皆残缺。
组合关系	
画面简述	画面为浅浮雕。残像上部为二有鳞龙身交缠，右上方似有一足。龙身下方左为一熊，尖吻直立右向；右方为一独角兽，直立与之相对，似作抵斗状。
著录与文献	胡新立：《邹城汉画像石》，北京：文物出版社，2008 年，48 页，图 53；任昭君：《鲁南汉画像石角抵研究》，载《浙江体育科学》2012 年第 6 期，116 页，图 30。
收藏单位	孟庙

编号	SD-ZC-011
时代	东汉
出土/征集地	郭里镇郭里
出土/征集时间	1963 年收集
原石尺寸	83.5×100×19
质地	石灰岩
原石情况	原石呈长方形，右端残缺。
组合关系	
画面简述	此图为浅浮雕。画分上下两格，上格为变形云气纹，下格为人物。下格画面中有一人正襟危坐，右二人持笏谒见，左二人戴进贤冠端坐，对面交谈。左、上两边可见框。
著录与文献	胡新立：《邹城汉画像石》，北京：文物出版社，2008 年，48 页，图 54。
收藏单位	孟庙

编号	SD-ZC-012
时代	东汉
出土/征集地	郭里镇郭里
出土/征集时间	1953 年收集
原石尺寸	40×71×22
质地	石灰岩
原石情况	石刻左端残缺。
组合关系	
画面简述	此图为浅浮雕，残余三层。第一层刻四人，左一人吹排箫，第二人吹竽，第三人倒立，第四人抚琴（瑟？）。中层刻三人端坐，上有垂幔纹。下层现存图像残损严重，不可辨识，但以前的拓片可见左侧有一女子长袖舞蹈，上有一鸟右向飞行，右侧有一人抚琴（瑟？）。上有两边可见框。
著录与文献	山东省博物馆、山东省文物考古研究所编《山东汉画像石选集》，济南：齐鲁书社，1982 年，图 85；杜蕾：《山东汉画像石乐舞图像研究》，中国艺术研究院，硕士学位论文，2005 年，67 页，编码 127；胡新立：《邹城汉画像石》，北京：文物出版社，2008 年，49 页，图 55；《中国音乐文物大系》总编辑部：《中国音乐文物大系·山东卷》，郑州：大象出版社，2001 年，285 页，图 2·5·8。
收藏单位	孟庙

编号	SD-ZC-013
时代	东汉
出土/征集地	郭里镇郭里
出土/征集时间	1963 年收集
原石尺寸	71×81
质地	石灰岩
原石情况	仅存拓片
组合关系	
画面简述	此图为浅浮雕，右侧残损，残余画面分上、中、下三格。上格为变形云气纹；中格为人物图像，居左者戴武弁大冠，着袍骑马，居中者戴进贤冠，着及地袍，持笏侧立，居右者仅见上半身，戴进贤冠；下格为菱形纹。画面上、下、右三边有框。
著录与文献	胡新立：《邹城汉画像石》，北京：文物出版社，2008 年，50 页，图 56。
收藏单位	

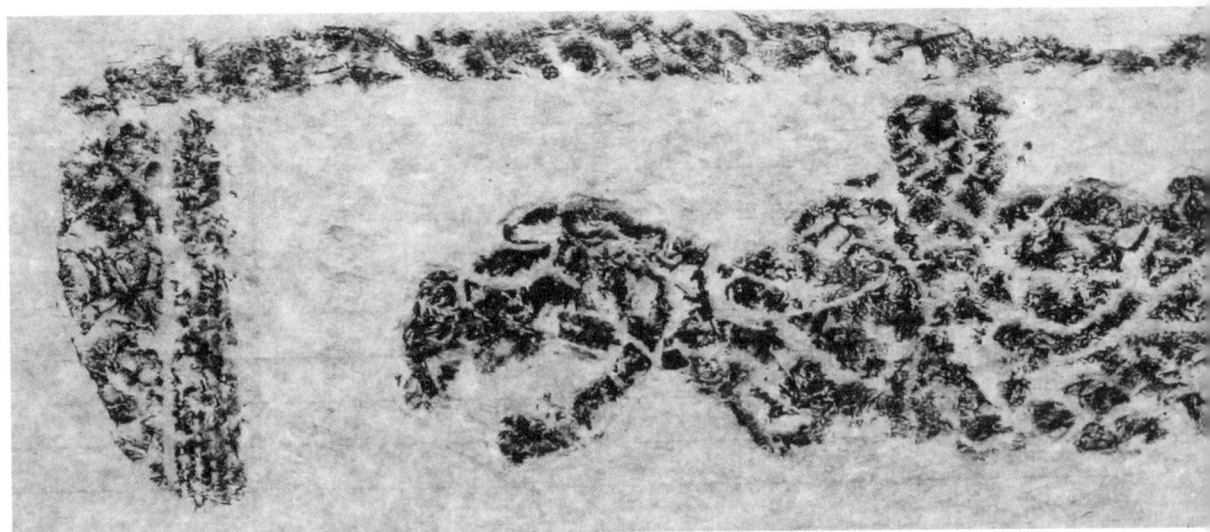

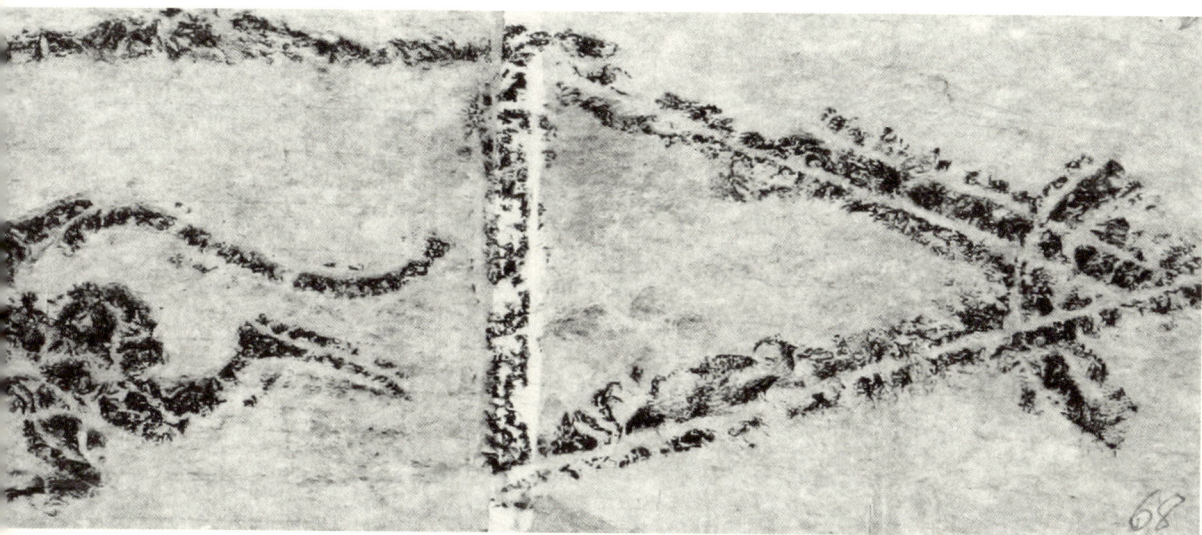

编号	SD-ZC-014
时代	西汉
出土/征集地	郭里镇郭里
出土/征集时间	1963 年收集
原石尺寸	22×131
质地	石灰岩
原石情况	仅存拓片
组合关系	
画面简述	此图为阴线刻。图像原名《黄公搏虎》，刻一虎向左奔跑，上有一人，动作不明。右侧刻穿环纹。
著录与文献	胡新立：《邹城汉画像石》，北京：文物出版社，2008 年，51 页，图 57。
收藏单位	孟庙

编号	SD-ZC-015
时代	东汉
出土/征集地	郭里镇郭里
出土/征集时间	1999 年收集
原石尺寸	100×49×6
质地	石灰岩
原石情况	原石呈长方形，右侧上下有门枢。
组合关系	
画面简述	此图为阴线刻。原石为一墓门门扇，刻面粗糙。图中一门吏拱手站立，五官、胡须皆用阴线刻出。上有一鸮、一鸟，鸟尾部有数道倾斜刻线（意图不明）。
著录与文献	胡新立：《邹城汉画像石》，北京：文物出版社，2008 年，51 页，图58。
收藏单位	邹城博物馆

编号	SD-ZC-016
时代	东汉
出土/征集地	郭里镇王屈村
出土/征集时间	1965 年收集
原石尺寸	71×163×35
质地	石灰岩
原石情况	原石呈长方形，基本完整。
组合关系	
画面简述	此图为浅浮雕，自上而下分为六层。第一层刻变形云气纹，其间刻五鱼。第二层刻三角线纹，第三层刻圆点，第四层刻连弧纹，第五层刻菱形线纹，第六层刻菱形纹。三、四、五层之间打破画面，刻一牛一虎，相视欲斗。上、下、左三边有框。
著录与文献	山东省博物馆、山东省文物考古研究所编《山东汉画像石选集》，济南：齐鲁书社，1982 年，图 77；胡新立：《邹城汉画像石》，北京：文物出版社，2008 年，52 页，图 59；李莉：《由汉画像石对邹城牛文化的探讨》，载《中国畜禽种业》2011 年第 12 期，54 页，图 5；任昭君：《鲁南汉画像石角抵研究》，载《浙江体育科学》2012 年第 6 期，115 页，图 26。
收藏单位	孟庙

编号	SD-ZC-017
时代	东汉
出土/征集地	郭里镇王屈村
出土/征集时间	1965 年收集
原石尺寸	64×164.5×27
质地	石灰岩
原石情况	原石呈长方形，右端残缺。
组合关系	
画面简述	画面为浅浮雕，分上下两层，分隔线上刻水波纹。左侧铺首衔环打破隔层。上层中间刻变形云气纹，右侧一兽有尾，后腿打破隔层，前身残缺。下层中间刻凤鸟，尾分四歧，头生双羽。后有一龙回首，龙身向上打破隔层，尾部残缺。右有一四坡顶建筑，似有双柱，但目前仅见一柱，柱上大栌斗承托屋檐，内有二人对坐，居右者形象残缺，中置一樽，左侧一人似亦坐于檐下，下部残损不可辨。现存画面上、下、左三边有框。
著录与文献	山东省博物馆、山东省文物考古研究所编《山东汉画像石选集》，济南：齐鲁书社，1982 年，图75；胡新立：《邹城汉画像石》，北京：文物出版社，2008 年，52 页，图60。
收藏单位	孟庙

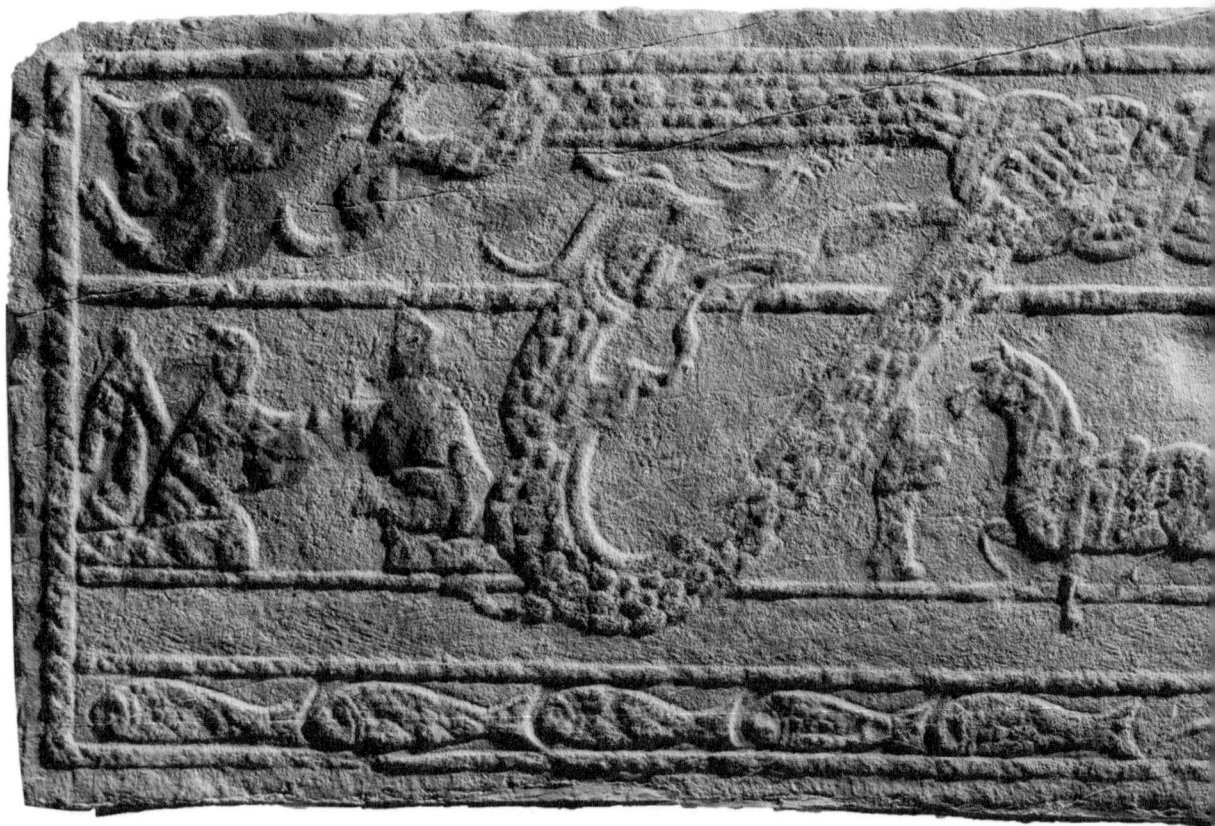

编号	SD-ZC-018
时代	东汉
出土/征集地	郭里镇王屈村
出土/征集时间	1965 年收集
原石尺寸	70×224.5×19
质地	石灰岩
原石情况	原石呈长方形，基本完整。背面左侧呈毛石状，左侧凿平行纹。
组合关系	
画面简述	画面为浅浮雕，自上而下分为四格，内容打破隔层。中有二龙，龙身交结为穿璧状，回首张口吐舌，吻端各有一鱼。龙左上方有云气纹，左侧二人相对跽坐，伸手作交流状。再左有一人着袍垂手而立。龙身下二马有鞍，作奔跑状，左方一人面马抬手而立。龙右侧有一人戴冠着袍面龙而立，右上方一羽人饲凤。下格为鱼纹，左向排列，中有二禽鸟，长尾交喙，作嬉戏状。画面有边框。
著录与文献	山东省博物馆、山东省文物考古研究所编《山东汉画像石选集》，济南：齐鲁书社，1982 年，图 73、74；赖非主编《中国画像石全集·2·山东汉画像石》，济南：山东美术出版社，2000 年，62-63 页，图 70；胡新立：《邹城汉画像石》，北京：文物出版社，2008 年，54-55 页，图 62。
收藏单位	孟庙

编号	SD-ZC-019
时代	东汉
出土/征集地	郭里镇王屈村
出土/征集时间	1965 年收集
原石尺寸	51×90×24
质地	石灰岩
原石情况	原石呈长方形，右端残缺。
组合关系	
画面简述	画面为浅浮雕。现存画面为四人物，左侧三人戴进贤冠，着袍持笏，右向躬身而立。最右侧一人戴武弁大冠，着袍，右向躬身而立。画面右侧刻在三人骑马左行。第一马后负弓，马后有一人戴进贤冠着袍持笏站立。最右侧刻二熊人立，各伸一上肢，二爪相碰。画像上方布满云气纹。左、右、下三边有框，下沿为双边框，其中内框被画面形象打破。
著录与文献	胡新立：《邹城汉画像石》，北京：文物出版社，2008 年，56-57 页，图 63。
收藏单位	孟庙

144

SD-ZC-019 局部

编号	SD-ZC-020
时代	西汉
出土/征集地	郭里镇王屈村
出土/征集时间	1965 年收集
原石尺寸	77×76
质地	石灰岩
原石情况	仅存拓片
组合关系	
画面简述	此图为阴线刻。画面左端一人拱手面左而立，其右一人执戟正面立。再右为一树，树下左侧拴一马，另有一人立于右侧。画面四周有框。
著录与文献	胡新立：《邹城汉画像石》，北京：文物出版社，2008 年，53 页，图 61。
收藏单位	

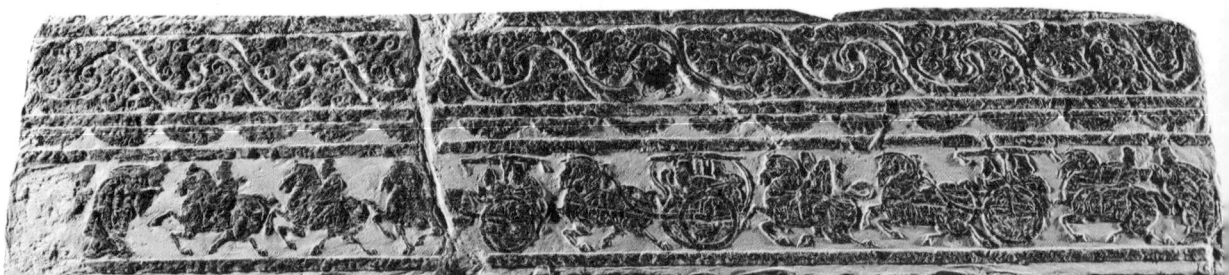

编号	SD-ZC-021
时代	东汉
出土/征集地	郭里镇独山村
出土/征集时间	1974 年出土
原石尺寸	58×259×24
质地	石灰岩
原石情况	左侧三分之一处断裂，基本完整。
组合关系	
画面简述	此图为浅浮雕。图像分为上、中、下三格。第一格刻变形云气纹。第二格刻连弧纹。第三格刻车马出行图：左侧二人戴冠躬身相迎，其中处左端者残损；二导骑在前护卫车辆，导骑之后是一轺车、一四维轺车，均有御者持缰驾驭车辆，车中有尊者手持便面；再后有一导骑，后有一轺车和一从骑，最右有一人躬身相送。上下两边有框。
著录与文献	山东省博物馆、山东省文物考古研究所编《山东汉画像石选集》，济南：齐鲁书社，1982 年，图83；山东邹城市文物局：《山东邹城西晋刘宝墓》，载《文物》2005 年第 1 期，5 页，图 1；胡新立：《邹城汉画像石》，北京：文物出版社，2008 年，58-59 页，图 64。
收藏单位	邹城博物馆

编号	SD-ZC-022
时代	东汉
出土/征集地	郭里镇独山村
出土/征集时间	1974 年出土
原石尺寸	68×235×27.5
质地	石灰岩
原石情况	原石左端残缺，中部被凿出两处凹槽。
组合关系	
画面简述	此图为浅浮雕，画分上下两格。上格为变形云气纹，下格刻车马出行图像：前有二导骑，后有一軿车（？），车后一骑前半身残，后为一辎车，上有一御者控缰、一尊者端坐，后有二骑护送，最右侧有一人持笏躬身相送。画面上、下、右三边有框，右侧及下边双边框中填刻斜线纹。左侧切口平整，应与另外的部件相接。
著录与文献	山东省博物馆、山东省文物考古研究所编《山东汉画像石选集》，济南：齐鲁书社，1982 年，图 82；胡新立：《邹城汉画像石》，北京：文物出版社，2008 年，58-59 页，图 65。
收藏单位	孟庙

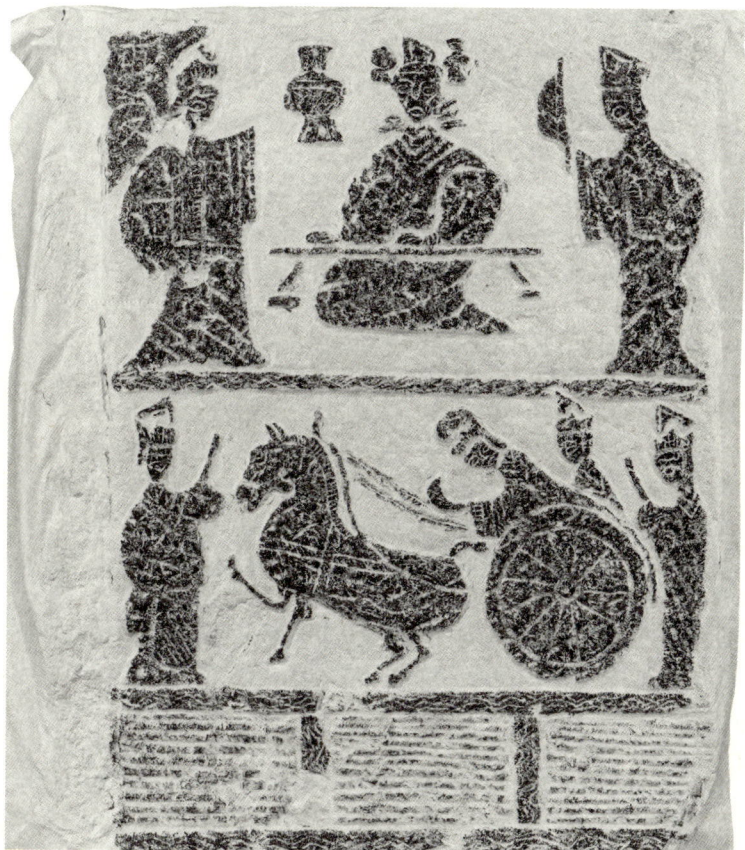

编号	SD-ZC-023
时代	东汉
出土/征集地	郭里镇独山村
出土/征集时间	1974 年出土
原石尺寸	76×64×20
质地	石灰岩
原石情况	原石呈长方形，基本完整，左侧有凹阶。
组合关系	
画面简述	此图为浅浮雕，画面分为上、中、下三格：上格刻三人，左右两侧各有一人戴冠侍立，右侧之人手执便面，中一人为东王公，面部有胡须，戴胜坐于几前，身后有高圈足酒壶，左上角阴刻"东王父"三字。中格为车马出行图像，中为一辂车（？），未见车盖，车中有一御者、一尊者，车左右各有一人执笏相向站立。第三格刻栏杆状纹饰带，内填刻平行线纹。
著录与文献	山东省博物馆、山东省文物考古研究所编《山东汉画像石选集》，济南：齐鲁书社，1982 年，图 84；山东邹城市文物局：《山东邹城西晋刘宝墓》，载《文物》2005 年第 1 期，5 页，图 2；胡新立：《邹城汉画像石》，北京：文物出版社，2008 年，60 页，图 66。
收藏单位	邹城博物馆

编号	SD-ZC-024
时代	东汉
出土/征集地	郭里镇独山村
出土/征集时间	1974 年出土
原石尺寸	51×69
质地	石灰岩
原石情况	原石左端缺失，上及右下残损。
组合关系	
画面简述	图像为浅浮雕。左刻一人着袍站立，右侧刻一干栏式（？）建筑，双柱（左柱残，仅见下部及柱础），柱上有大栌斗承檐，檐口可见圆点纹，似表现瓦当，柱础为两层阶梯形。柱间上层二人坐于榻（？）上，下层有一卧羊回首。右可见一人（残）立于檐下，似为侍者。画面左侧及下边有双边框，中填刻斜线纹。
著录与文献	胡新立：《邹城汉画像石》，北京：文物出版社，2008 年，61 页，图 67。
收藏单位	孟庙

157

编号	SD-ZC-025
时代	东汉
出土/征集地	郭里镇下镇头村
出土/征集时间	1962 年收集
原石尺寸	190×192×18.5
质地	石灰岩
原石情况	原石呈长方形，基本完整。左上角有长方形缺口。
组合关系	
画面简述	此图为浅浮雕,由上下两块石刻组成整幅画面。画面为一水榭建筑图像,楼梯上有一人,戴进贤冠,呈登梯状。前有一凤鸟,立于梯上。人与鸟之间有一鸮。楼梯上可见两层栏杆（？）结构（或为表现栏杆与楼梯复合结构）,其上接水榭亭,亭有双柱,上为大栌斗（多层实拍栱？）承托横梁,再上为三个（组）同形栌斗（实拍栱）承托屋顶,亭内有一人戴通天冠,侧身跽坐。亭榭顶部垂脊上有一猿猴,亭外右侧有一半人半龙神。楼梯外伸出一多层实拍栱（一说为异形栌斗）,下有大栾栱支撑,栱上坐一人,戴进贤冠,着长袍。栱下有一立柱,上为多层实拍栱（异形栌斗）,下有柱础,柱身似有竖槽。楼梯与柱间有三人,其中二人站立,戴进贤冠,着长袍,居右者一手持笏,另一手微伸,似与居左者对语。两人之间有二壶。左一人侧身微躬,一手端于胸前,另一手覆于壶上。其后又有一人戴进贤冠,有须,跽坐。立柱之右的水中有四鱼、二鲵（似鲶）呈聚首（钓出）状,最右下为一鹳鸟（鹤）啄一鱼。画像四周有双边框,上边框内填刻连弧纹。左、右、下三边框内填刻菱形纹。画面最上部饰以变形云气纹。原石左侧上部呈方形缺口形,应为承托结构。
著录与文献	山东省博物馆、山东省文物考古研究所编《山东汉画像石选集》,济南：齐鲁书社,1982 年,图 94；胡新立：《邹城汉画像石》,北京：文物出版社,2008 年,62-63 页,图 68、69。
收藏单位	孟庙

编号	SD-ZC-026
时代	东汉
出土/征集地	郭里镇下镇头村
出土/征集时间	1962 年收集
原石尺寸	81.5×238.8×21.5
质地	石灰岩
原石情况	原石呈长方形，左上角残缺。
组合关系	
画面简述	此图为浅浮雕。自上而下分为五格。第一格为变形云气纹。第二格画面部分残缺，自左至右分别为三人端坐（？）、一人站立，此四人上部皆残，其右刻一人骑马左行，再右为二人持戟站立，再右为一人骑马，身后一人戴冠，持笏恭送，最右端为四人戴冠端坐。第三格刻三角形纹，第四格填刻菱形线纹，第五格刻双层菱形纹。四周有框。
著录与文献	山东省博物馆、山东省文物考古研究所编《山东汉画像石选集》，济南：齐鲁书社，1982 年，图 91；胡新立：《邹城汉画像石》，北京：文物出版社，2008 年，64 页，图 70。
收藏单位	孟庙

编号	SD-ZC-027
时代	东汉
出土/征集地	郭里镇下镇头村
出土/征集时间	1962 年收集
原石尺寸	66.5×153×13.6
质地	石灰岩
原石情况	原石左残缺约三分之一。
组合关系	
画面简述	此图为浅浮雕。画面自上而下分为四格。第一格刻变形云气纹（现残缺）。第二格刻二龙交缠穿环，画面右侧伸出鸟首。二交龙打破二、三格画面。第三格二龙首间刻三人，左二人应为女性，最左一人手持便面，第三人戴进贤冠，面左，似与第二人交谈。画面右侧刻三人，皆正面拱手端坐，第一人戴介帻（？），第二人戴通天冠，第三人戴进贤冠。第四格刻双层菱形纹。上、下、右三边可见框。
著录与文献	山东省博物馆、山东省文物考古研究所编《山东汉画像石选集》，济南：齐鲁书社，1982 年，图92；胡新立：《邹城汉画像石》，北京：文物出版社，2008 年，64-65 页，图 71、72。
收藏单位	孟庙

编号	SD-ZC-028-01
时代	东汉
出土/征集地	郭里镇黄路屯
出土/征集时间	1959 年收集
原石尺寸	114.5×269.5×26
质地	石灰岩
原石情况	原石呈长方形，裂为五块。右上角有长方形缺口。
组合关系	
画面简述	此图为浅浮雕。画面自上而下分为四格。第一格为变形云气纹。第二格为胡汉战争图。画面左侧刻一山峰，层峦叠嶂，每个山包前刻一胡人头像。三匹马从山中奔出，仅露前半身或头，一匹马驰入，露出后半身。二胡骑败逃，一骑已落马。二马间一胡兵倒地，似正呼救。胡骑身后二胡兵反缚跪于地，一无头尸身横陈，一人抬手跨步上前，呈击打状，一人端戟前刺，一人荷长兵器立于旁。再右五骑策马前进，前一为胡兵，未执武器，后三为汉兵，皆负弓，末骑与边框交叠，仅可见马。第三格左侧共七位人物，左一、三似为女性，左二头戴高冠，侧身而坐，手抚左一人物，余者皆戴进贤冠拱手而立。中部是悬挂的鱼、肉等食物。下坐一人，右向。右一人仰身（残）。又一人侧坐，左手执短刀，身侧有案，上有食物。右为下格建鼓之羽葆，羽葆两旁可见一犬有链、一猴攀上、一羊。其右二人技击，皆着及膝袍，居左者戴进贤冠，一手持剑，一手持钩镶，另一人持双剑（？），右端为一人跳丸，左上方一犬回首。第四格画面左端为戏熊图像：一人戴山形冠（？），着宽大袍服，侧身与一熊戏斗。其右为三只似鹿动物，再右为建鼓乐舞图像，二艺人立于虎跃架上执桴击鼓，虎跃架为两虎共首，羽葆上有猿猴攀援。二乐伎吹奏乐器，羽葆下有一女伎折腰，另一人立于旁，表现百戏场景。右侧图像下层有六人，其中一乐伎抚琴（瑟？）、一乐伎吹笙（竽？）演奏，余下四人或坐或立；上层亦有六人，二人跽坐，二人立于一甑两侧，伸手取或投物，其右一人立，右端一人跽坐于灶旁，忙于炊事。画面四周有框，左右两侧为双边框，并填刻斜线纹。原石右侧上部呈方形缺口，应为承托结构。
著录与文献	山东省博物馆、山东省文物考古研究所编《山东汉画像石选集》，济南：齐鲁书社，1982 年，图 55；常任侠：《中国美术全集·画像石画像砖》，上海：上海人民美术出版社，1988 年，13 页，图 16；赖非主编《中国画像石全集·2·山东汉画像石》，济南：山东美术出版社，2000 年，80-81 页，图 88；杜蕾：《山东汉画像石乐舞图像研究》，中国艺术研究院，硕士学位论文，2005 年，67 页，编码 128；曲怡桦：《鲁南及徐州地区汉画像石的音乐考古研究》，中国艺术研究院，硕士学位论文，2005 年，13 页，图 15；胡新立：《邹城汉画像石》，北京：文物出版社，2008 年，66-67 页，图 73；朱浒：《汉画像胡人图像研究》，上海大学，博士学位论文，2012 年，67 页，图 2-54；《中国音乐文物大系》总编辑部：《中国音乐文物大系·山东卷》，郑州：大象出版社，2001 年，284 页，图 2·5·7。
收藏单位	邹城博物馆

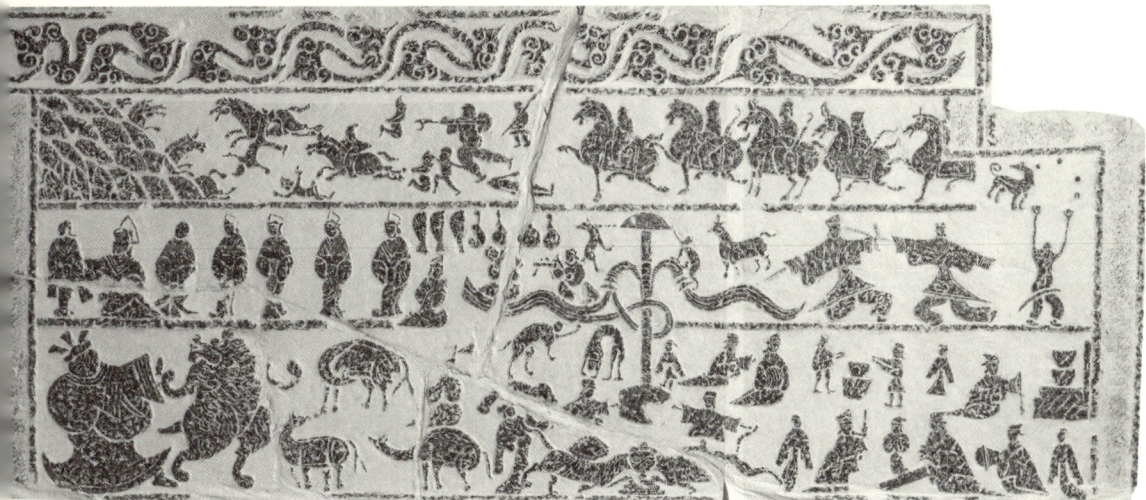

编号	SD-ZC-028-02
时代	东汉
出土/征集地	郭里镇黄路屯
出土/征集时间	1959 年收集
原石尺寸	114×267.5×21
质地	石灰岩
原石情况	原石呈长方形，左侧上角有长方形缺口。
组合关系	
画面简述	画面为浅浮雕。画面自上而下分为五格。第一格为变形云气纹。第二格左端一人躬身向右，端戟欲刺一虎，其右一虎一牛相搏斗，右有二熊。第三格共刻绘十五人，多着长袍，皆戴冠，持便面，侧坐。左第一人侧立，第六、七人作相拥状，第九到十一人为一组，中为一童子。第四格刻十二人，皆戴冠，着长袍，手持笏板，侧立，其中一人为前者捧剑。第五格为车马出行图像，居左端者持笏迎接，其右为疾驰的车队，有轺车两辆，车上饰华盖，车下轮毂清晰，车厢内御者挽缰驾车，主人端坐。轺车后有一辎车，上覆帷盖，一御者挽缰催马。车后一骑从，后一人持笏送行。画面右侧为水榭建筑图像，建筑左边为楼梯，可见两层栏杆（？）结构（或为表现栏杆与楼梯复合结构），有六人上行，居前者手执一桨状物，第三人持便面。水榭亭为四坡顶，正脊上立一鸟，左右还各有一鸟，垂脊左右各有一猴攀上。亭有双柱，上为大栌斗（多层实拍栱？）承托横梁，再上为三个（组）同形栌斗（实拍栱）承托屋顶，一人戴通天冠跽坐于柱间。楼板向外悬挑，一人持钓竿坐于边沿处垂钓，并有四鱼聚于钓钩处，一鲵（似鲶）向上。钓者右侧另有一猴悬吊于檐下。楼板下有多层实拍栱（一说为异形栌斗），下接大栾栱支撑，栾栱上坐一人，戴进贤冠。再下又一多层实拍栱（或异形栌斗），下接立柱，柱下有柱础。所有实拍栱（异形栌斗）、柱础皆饰点状纹，屋脊、檐口、梁枋、立柱皆饰波状纹。水中有鱼、鳖翻腾，其间有三鱼共一目的吉祥图案。一鹤啄鱼，五人在水中捉鱼。二人竖抱鱼，一人横抱，一人直身用筌，一人躬身用筌。画面四周有框，左右两侧为双边框，内填刻斜线纹。原石左侧上部呈方形缺口，应为承托结构。
著录与文献	山东省博物馆、山东省文物考古研究所编《山东汉画像石选集》，济南：齐鲁书社，1982 年，图56、57；赖非主编《中国画像石全集·2·山东汉画像石》，济南：山东美术出版社，2000 年，80-81 页，图 87；胡新立：《邹城汉画像石》，北京：文物出版社，2008 年，68-69 页，图 74；黄永飞：《汉代墓葬艺术中的车马出行图像研究》，中央美术学院，硕士学位论文，2009 年，17页，图 2.19；任昭君：《鲁南汉画像石角抵研究》，载《浙江体育科学》2012 年第 6 期，115 页，图 23。
收藏单位	邹城博物馆

编号	SD-ZC-028-03(1)
时代	东汉
出土/征集地	郭里镇黄路屯
出土/征集时间	1959 年收集
原石尺寸	45×270×29
质地	石灰岩
原石情况	原石呈长方形，刻石右端残缺，左端有凿痕，上半部凿出一块长方形凹陷。
组合关系	
画面简述	画面为浅浮雕，右侧残损，左端被再次雕凿，图像已不可见。画面分上下两格，上格为变形云气纹。下格左起有一组六人图像，前排三人着长袍，戴冠，持便面，并排跽坐，左起第二、三人之间有两人，第三人身后有一个动态相同、尺寸较小的人物。其右为一武库，依次刻戟四、盾牌一、箭箙二、弓、弩和环首刀各一。武器上均有装饰刻纹。武库右侧有一大象，象背上骑二人（骑者光头，一说与佛教有关），象后跟随两胡人，前一人持戟，后一人持勾。再右有一象鼻状雕刻残像。
著录与文献	山东省博物馆、山东省文物考古研究所编《山东汉画像石选集》，济南：齐鲁书社，1982 年，图62；胡新立：《邹城汉画像石》，北京：文物出版社，2008 年，70 页，图75；朱浒：《汉画像胡人图像研究》，上海大学，博士学位论文，2012 年，68 页，图2-55。
收藏单位	孟庙

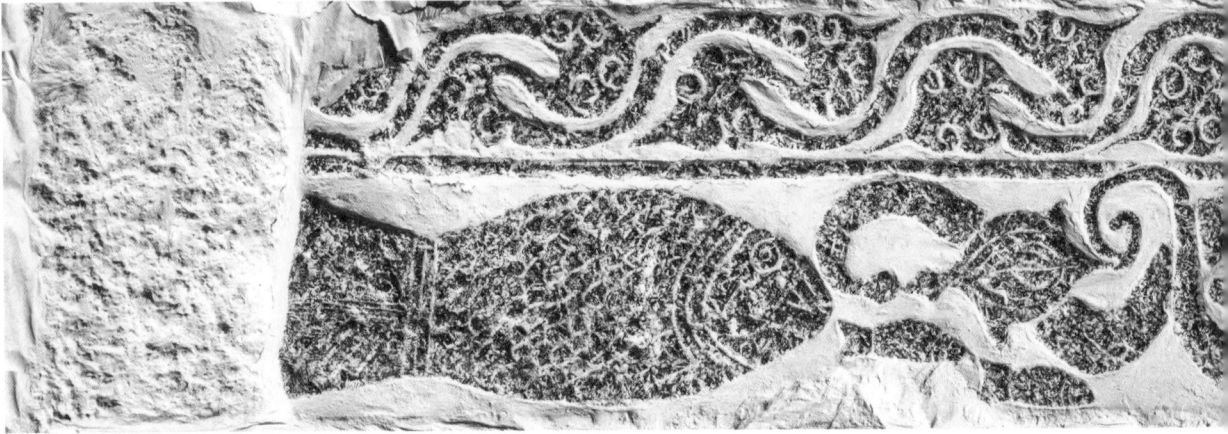

编号	SD-ZC-028-03(2)
时代	东汉
出土/征集地	郭里镇黄路屯
出土/征集时间	1959 年收集
原石尺寸	45×270×29
质地	石灰岩
原石情况 组合关系	原石呈长方形，刻石两端刻出低于平面的方形区域，疑与另外的结构衔接，右上方半部凿出一块长方形凹陷。
画面简述	画面为浅浮雕，左右两端皆被再次雕凿，图像已不可见。画分上下两格，上格为变形云气纹，下格左起一大鱼，右为龟蛇缠绕，头部相接（疑为玄武变形），另有小鱼穿游其间。两蛇尾交叉处有一物，似龟（不明）。
著录与文献	胡新立：《邹城汉画像石》，北京：文物出版社，2008 年，70 页，图 77。
收藏单位	孟庙

编号	SD-ZC-028-03(3)
时代	东汉
出土/征集地	郭里镇黄路屯
出土/征集时间	1959 年收集
原石尺寸	270×29
质地	石灰岩
原石情况	原石呈长方形，刻石中段末，即左起第三兽后半段处有一圆形坑洞。右端残缺。
组合关系	墓室过梁
画面简述	画面为浅浮雕。左右皆残损，中部有一圆孔，应为再次利用时雕凿而成。画面左起为一胡人荷戟骑（？）一牛，一胡（？）人荷戟骑一羊，二兽（或有骑手）奔跑（漫漶不可辨）。右端有一龙，昂首张口，生翼，其上有一羽人平飞。画面上、下、左三边有框。　山东省博物馆、山东省文物考古研究所编《山东汉画像石选集》，济南：齐鲁书社，1982 年，图 61；胡新立：《邹城汉画像石》，北京：文物出版社，2008 年，70 页，图 76；李莉：《由汉画像石对邹城牛文化的探讨》，载《中国畜禽种业》2011 年第 12 期，54 页，图 3。
著录与文献	
收藏单位	孟庙

编号	SD-ZC-028-04
时代	东汉
出土/征集地	郭里镇黄路屯
出土/征集时间	1959 年收集
原石尺寸	46×271.5×20.5
质地	石灰岩
原石情况	原石呈长方形，从中断为两截，左下角残缺。
组合关系	
画面简述	画面为浅浮雕。左起为一人，头部残缺，手持钓竿，竿端钓获三鱼，右为二人着袍相对而立，两人之间为二鱼（二人？），侧旁有两个小人像，皆捧鱼对立，下有二龟，其下又有一立人双手各执一鱼，右侧为三鱼共头图像，其上一鱼，下为一鸟，右一人双手捧一鱼正面而立，再右为十六条鱼，其中一鱼硕大，三鱼为鲵（鲶？）形。左、右、下为双边框，其中填刻斜线纹，上方单边框。
著录与文献	山东省博物馆、山东省文物考古研究所编《山东汉画像石选集》，济南：齐鲁书社，1982 年，图 63；胡新立：《邹城汉画像石》，北京：文物出版社，2008 年，74-75 页，图 82。
收藏单位	孟庙

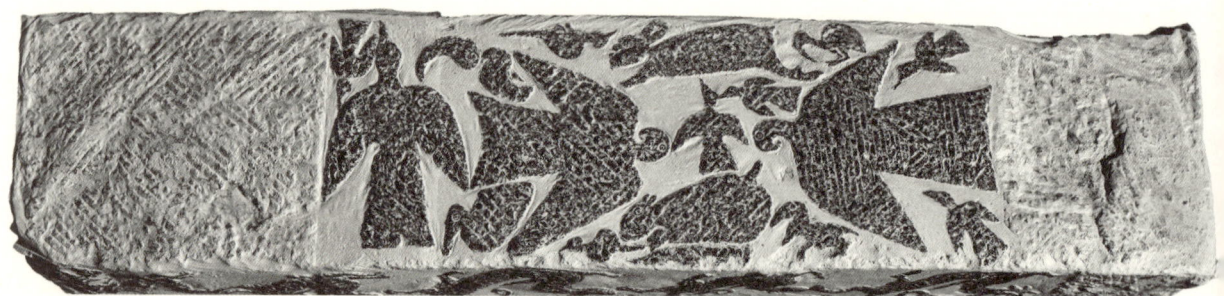

编号	SD-ZC-028-05(1)
时代	东汉
出土/征集地	郭里镇黄路屯
出土/征集时间	1959 年收集
原石尺寸	57×271×25
质地	石灰岩
原石情况	原石呈长方形，基本完整。背面呈毛石状。
组合关系	
画面简述	画面为浅浮雕，刻三只巨鹰展翅飞翔。右侧两鹰间有二兔，一奔跑、一蹲伏。左侧两鹰尾部有一鸭（兔？）。鹰兔之间有飞鸟、凫鸭（？）十一只。左右两侧有框。
著录与文献	李发林：《记山东大学旧藏的一些汉画像石拓片》，载《考古》1985 年第 11 期，995 页，图 3；胡新立：《邹城汉画像石》，北京：文物出版社，2008 年，71 页，图 78。
收藏单位	孟庙

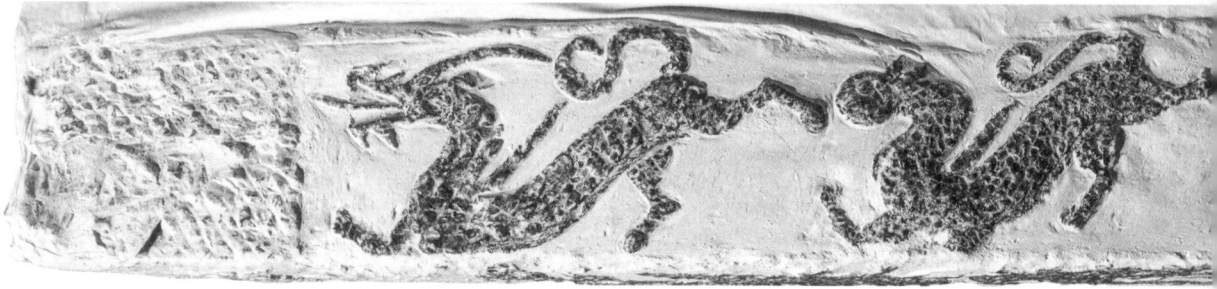

编号	SD-ZC-028-05(2)
时代	东汉
出土/征集地	郭里镇黄路屯
出土/征集时间	1959 年收集
原石尺寸	25 × 271
质地	石灰岩
原石情况	原石呈长方形，基本完整。
组合关系	
画面简述	画面为浅浮雕。从左至右分别刻一龙张口吐舌、二兔首（？）龙身怪兽、一人持戟骑一兽首龙身怪兽。最右又有一似鹿动物，其身下图像残损不可辨。四周有框。
著录与文献	胡新立：《邹城汉画像石》，北京：文物出版社，2008 年，71 页，图 78。
收藏单位	孟庙

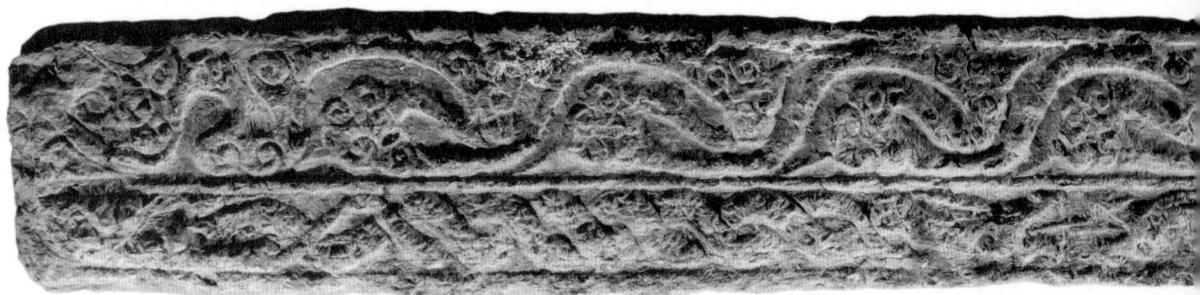

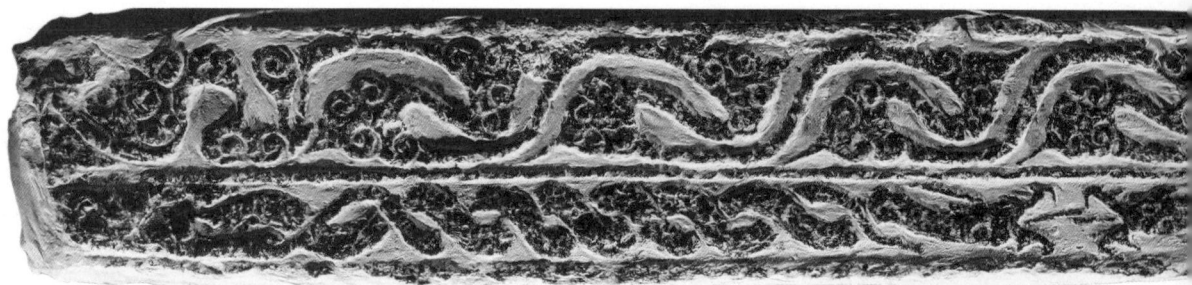

编号	SD-ZC-028-05(3)
时代	东汉
出土/征集地	郭里镇黄路屯
出土/征集时间	1959 年收集
原石尺寸	25×271
质地	石灰岩
原石情况	原石呈长方形，基本完整。
组合关系	
画面简述	画面分为两格，上格刻变形云气纹，下格刻四条龙，两两相互缠绕。四周有框。
著录与文献	山东省博物馆、山东省文物考古研究所编《山东汉画像石选集》，济南：齐鲁书社，1982 年，图58；胡新立：《邹城汉画像石》，北京：文物出版社，2008 年，83 页，图 94。
收藏单位	孟庙

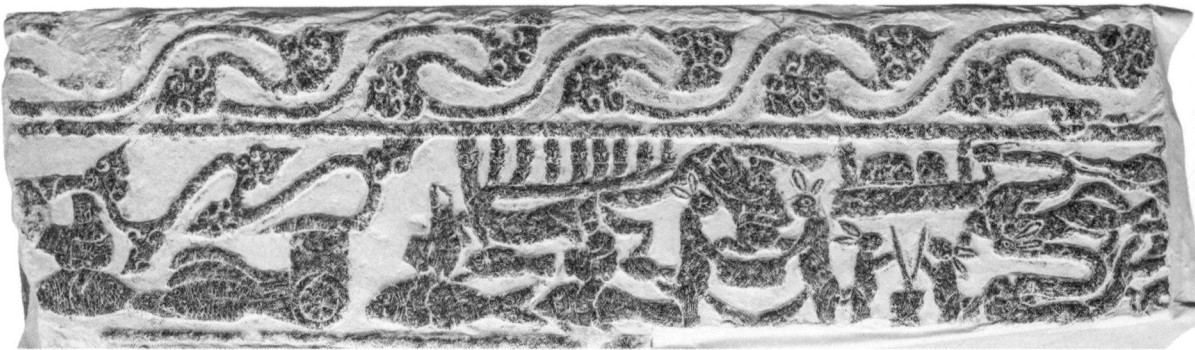

编号	SD-ZC-028-06
时代	东汉
出土/征集地	郭里镇黄路屯
出土/征集时间	1959 年收集
原石尺寸	39.4×155×36
质地	石灰岩
原石情况	原石呈长方形，左右半部分皆有被凿除痕迹，应为建筑需要刻意为之。
组合关系	
画面简述	画面为浅浮雕，左右两端皆残。画分两格，上格为变形云气纹，下格左起为一人骑鱼、三鱼拉一輂车（一说为河伯出行），后有二人各骑鱼跟随，人后各有一鱼。骑鱼者上方有一九头人面兽（一说为开明兽），其右可见二兔共持筛（筛药），其上方有一巨首短颈怪兽，张口瞋目，再右为二兔持杵捣药，上有隔板及容器（或为灶？）。右端为两只兔首长颈怪兽。
著录与文献	李发林：《汉画像中的九头人面兽》，载《文物》1974 年第 12 期，83 页；山东省博物馆、山东省文物考古研究所编《山东汉画像石选集》，济南：齐鲁书社，1982 年，图 60；胡新立：《邹城汉画像石》，北京：文物出版社，2008 年，70-71 页，图 79；肖冬：《汉画像石中的九头人面兽》，中国美术学院，硕士学位论文，2012 年，25 页，图 11。
收藏单位	邹城博物馆

拓片：根据李发林著录复制

编号	SD-ZC-028-07
时代	东汉
出土/征集地	郭里镇黄路屯
出土/征集时间	1953 年收集
原石尺寸	45×89.5×24
质地	石灰岩
原石情况	原石呈长方形，上部及右侧残缺。
组合关系	
画面简述	画面为浅浮雕。图为二桃杀三士的故事。左第一人头部残缺，右向侧立。第二人为一武士，攘袖，左手抓桃，右手持剑。其右侧有一高足盘，盘中可见二桃。最右侧可见一武士，残余下半身，亦一手抓盘中桃子。画面上部残余一四足动物（？）。左、下两边可见框。左边为双边框，内填刻斜条纹。
著录与文献	山东省博物馆、山东省文物考古研究所编《山东汉画像石选集》，济南：齐鲁书社，1982 年，图 68；李发林：《山东汉画像石研究》，济南：齐鲁书社，1982 年，图版一；李发林：《记山东大学旧藏的一些汉画像石拓片》，载《考古》1985 年第 11 期，997 页，图 5；胡新立：《邹城汉画像石》，北京：文物出版社，2008 年，79 页，图 89。
收藏单位	孟庙

编号	SD-ZC-028-08
时代	东汉
出土/征集地	郭里镇黄路屯
出土/征集时间	1959 年收集
原石尺寸	70.5×223.5×29.5
质地	石灰岩
原石情况	原石呈长方形，基本完整。
组合关系	
画面简述	画面为浅浮雕。分上下两格：上格左起一牛车右行，车顶有一物不明，由一条弧线连接到辕部，轮下有一伏兔。五人手持罼进行狩猎活动，其中第四人头残，第五人残，下有一人执棒（罼？）。前有一犬逐一物（残）。画像中部是一人持双棍扑兔，双棍疑为有网的捕猎工具。下有伏兔，上有飞雉（？）。另有二人双手前伸，手持物不明。其前方上、下有二小鸟。前有一特殊形状飞鹰（？）、二小鸟、一伏兔，后为一熊（残）。下格为二牛相斗，一牛前蹄腾空，张口猛撞另一牛，两牛牛角抵在一起。左右各有一人，各手持戟、矛，侧身观看。左、右、下三边有框。
著录与文献	山东省博物馆、山东省文物考古研究所编《山东汉画像石选集》，济南：齐鲁书社，1982 年，图 53、54；李发林：《山东汉画像石研究》，济南：齐鲁书社，1982 年，图版八；常任侠：《中国美术全集·画像石画像砖》，上海：上海人民美术出版社，1988 年，12 页，图 15；赖非主编《中国画像石全集·2·山东汉画像石》，济南：山东美术出版社，2000 年，78-79 页，图 86；胡新立：《邹城汉画像石》，北京：文物出版社，2008 年，72-73 页，图 81；李莉：《由汉画像石对邹城牛文化的探讨》，载《中国畜禽种业》2011 年第 12 期，53 页，图 2；任昭君：《鲁南汉画像石角抵研究》，载《浙江体育科学》2012 年第 6 期，116 页，图 28。
收藏单位	邹城博物馆

编号	SD-ZC-029-01
时代	东汉
出土/征集地	郭里镇黄路屯
出土/征集时间	1959 年收集
原石尺寸	76×270×18.5
质地	石灰岩
原石情况	原石呈长方形，右端残缺。背面右侧有凹阶。
组合关系	
画面简述	图像为浅浮雕。左侧一人戴冠（似胡人），着宽袍，袍端有缘及膝，挽袖赤脚，昂首前行，一手持盾（钩镶？），一手持棍状物。前有一建筑，屋脊硕大，屋顶下有双柱支撑。右侧为两人一马图：前一人牵马，后一人双手平持一长棍跟随，马上有一鸟蹲伏回首。上、下、左三边以单线阴刻外框。
著录与文献	山东省博物馆、山东省文物考古研究所编《山东汉画像石选集》，济南：齐鲁书社，1982 年，图65；胡新立：《邹城汉画像石》，北京：文物出版社，2008 年，75 页，图84。
收藏单位	孟庙

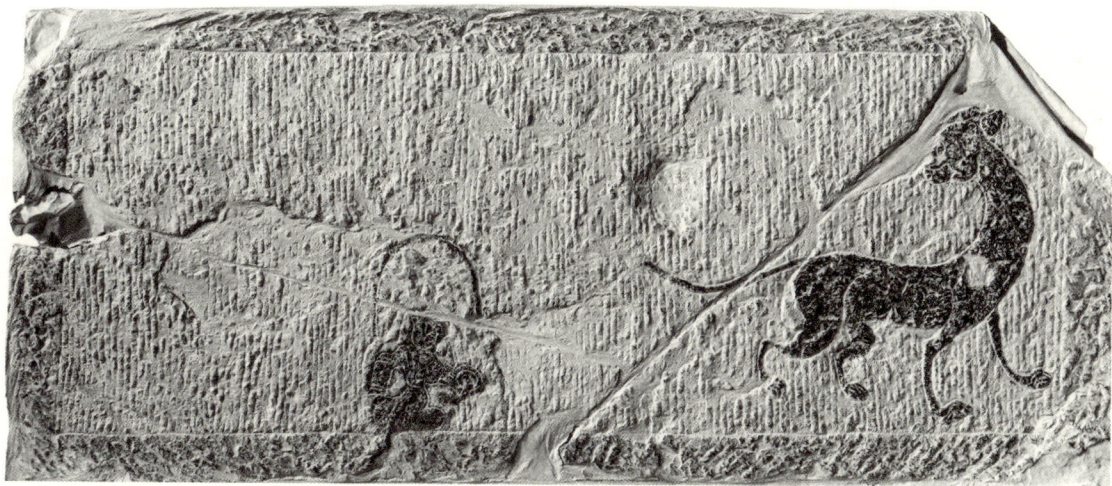

编号	SD-ZC-029-02
时代	东汉
出土/征集地	郭里镇黄路屯
出土/征集时间	1959 年收集
原石尺寸	77×180×17
质地	石灰岩
原石情况	原石呈长方形，刻石断裂为三块，拼合后左中、下中有缺损，左上角缺失。背面有凹槽。
组合关系	
画面简述	刻石面粗糙不平，仅有左下和右下图像可见。中部刻一人，束发留须，着长袍，手稍平举，挽袖撑臂，袖口喷张。右下线刻一虎，回首作奔跑状（阳具明显）。四周以单线阴刻外框。
著录与文献	山东省博物馆、山东省文物考古研究所编《山东汉画像石选集》，济南：齐鲁书社，1982 年，图 67；胡新立：《邹城汉画像石》，北京：文物出版社，2008 年，75 页，图 85。
收藏单位	孟庙

编号	SD-ZC-029-03
时代	东汉
出土/征集地	郭里镇黄路屯
出土/征集时间	1959 年收集
原石尺寸	76×255×17
质地	石灰岩
原石情况	原石呈长方形，左端残缺。背面左侧有凹阶。
组合关系	
画面简述	画面为浅浮雕。左方一龙，长尾回首；右方一虎，卷尾，颔首挺胸；中有一鸮（？）。上、下、右三边有边框。
著录与文献	山东省博物馆、山东省文物考古研究所编《山东汉画像石选集》，济南：齐鲁书社，1982 年，图 66；胡新立：《邹城汉画像石》，北京：文物出版社，2008 年，74-75 页，图 83。
收藏单位	孟庙

编号	SD-ZC-030
时代	东汉
出土/征集地	郭里镇黄路屯
出土/征集时间	1963 年收集
原石尺寸	134×97×8.5
质地	石灰岩
原石情况	原石呈长方形，右侧上下有门枢。
组合关系	
画面简述	画面为阴线刻。正上方阴刻一飞虎，张口、扬尾，有翼、四肢伸展，作奔腾状，平面用斜刻作铲平处理。下为一门吏，手持笏，佩长剑，躬身侧立。四周刻单线作为外框。
著录与文献	山东省博物馆、山东省文物考古研究所编《山东汉画像石选集》，济南：齐鲁书社，1982 年，图 70；赖非主编《中国画像石全集·2·山东汉画像石》，济南：山东美术出版社，2000 年，86 页，图 93；胡新立：《邹城汉画像石》，北京：文物出版社，2008 年，76-77 页，图 86、87。
收藏单位	邹城博物馆

编号	SD-ZC-031
时代	东汉
出土/征集地	郭里镇黄路屯
出土/征集时间	1953 年收集
原石尺寸	95×37.5×23.5
质地	石灰岩
原石情况	原石呈长方形，裂为两块，基本完整。
组合关系	
画面简述	画面为浅浮雕。画面正上方为太阳金乌，左右各一人首蛇身神（一说左为伏羲，右为女娲），两神交尾。太阳下为一神人（太一？）。下为双鸟衔鱼，皆单足站立。画面下部为一鸟低头啄鱼，左有一鲵（？），下有二鱼。四周有边框。
著录与文献	山东省博物馆、山东省文物考古研究所编《山东汉画像石选集》，济南：齐鲁书社，1982 年，图 69；赖非主编《中国画像石全集·2·山东汉画像石》，济南：山东美术出版社，2000 年，77 页，图 84；胡新立：《邹城汉画像石》，北京：文物出版社，2008 年，78 页，图 88。
收藏单位	邹城博物馆

编号	SD-ZC-032
时代	东汉
出土/征集地	郭里镇黄路屯
出土/征集时间	1959 年收集
原石尺寸	25×224.5×74.5
质地	石灰岩
原石情况	原石呈长方形，中部断裂。
组合关系	
画面简述	面为浅浮雕。画面左起一人一只手执刀，另一只手以绳牵虎，欲斗，虎回首向右。中有一人光头着袍，袍下摆宽大，拱手而立，胸前似端一物不明。右为一龙，独角四足，身似蛇形。上下两边有框。
著录与文献	山东省博物馆、山东省文物考古研究所编《山东汉画像石选集》，济南：齐鲁书社，1982 年，图 59；胡新立：《邹城汉画像石》，北京：文物出版社，2008 年，71 页，图 80；任昭君：《鲁南汉画像石角抵研究》，载《浙江体育科学》2012 年第 6 期，114 页，图 17。
收藏单位	孟庙

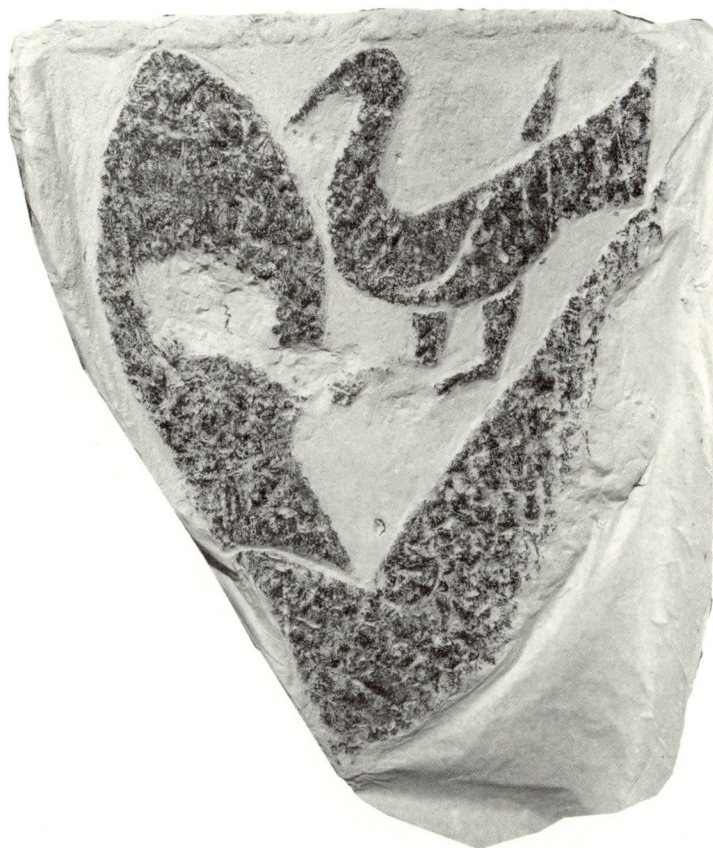

编号	SD-ZC-033(1)
时代	东汉
出土/征集地	郭里镇黄路屯
出土/征集时间	1973 年收集
原石尺寸	62×56
质地	石灰岩
原石情况	原石整体呈三角形，左边上下角有残缺。
组合关系	
画面简述	画面为浅浮雕，刻一鸟啄食一条大鱼。
著录与文献	胡新立：《邹城汉画像石》，北京：文物出版社，2008 年，80 页，图 91。
收藏单位	孟庙

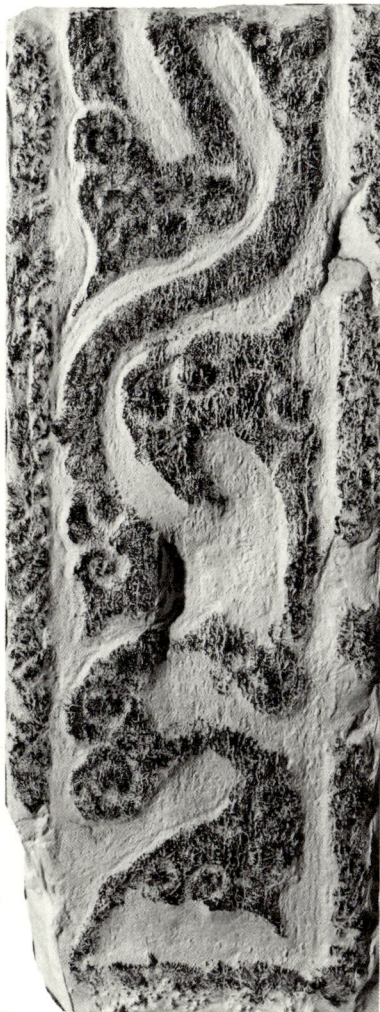

编号	SD-ZC-033(2)
时代	东汉
出土/征集地	郭里镇黄路屯
出土/征集时间	1973 年收集
原石尺寸	56×62
质地	石灰岩
原石情况	原石整体呈长方形。
组合关系	
画面简述	画面为浅浮雕，刻变形云气纹。三边可见框。
著录与文献	
收藏单位	孟庙

编号	SD-ZC-034
时代	东汉
出土/征集地	郭里镇黄路屯
出土/征集时间	1973 年收集
原石尺寸	74×75×15
质地	石灰岩
原石情况	原石呈长方形，基本完整。画面整体漫漶。
组合关系	
画面简述	图像分为上下两格。上格中间一人似戴方胜（疑为西王母）坐于榻上，身后似有凭几。两侧各有一侍者侍坐，左一人手持便面，其身后竖一鱼形物；右一人手上方有一圆形物不明。下层刻乐舞场面，左侧二人跳长袖舞，右侧一人似抚琴（瑟？）。画面四周有双边框，框内填刻菱形纹。
著录与文献	胡新立：《邹城汉画像石》，北京：文物出版社，2008 年，82 页，图 93。
收藏单位	孟庙

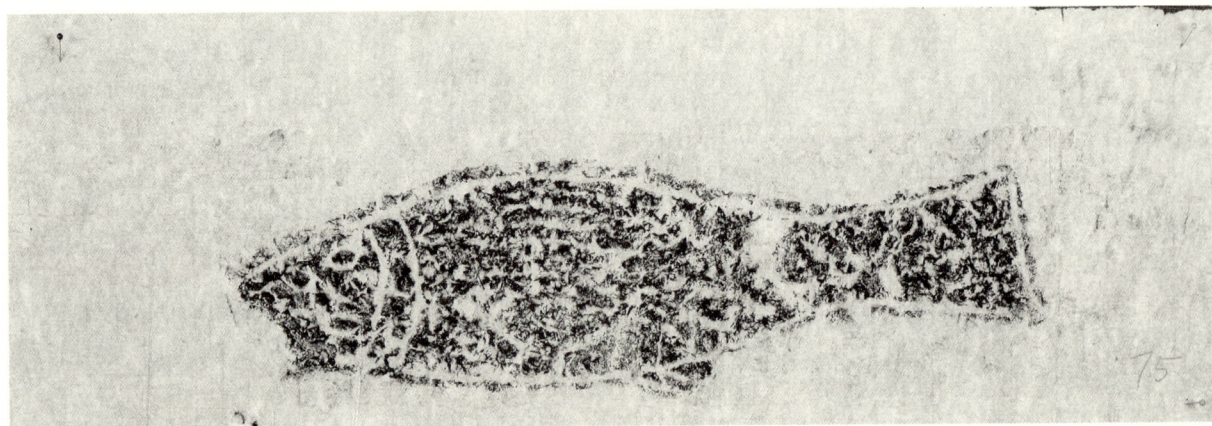

编号	SD-ZC-035
时代	
出土/征集地	郭里镇黄路屯收集
出土/征集时间	1973 年收集
原石尺寸	26×83
质地	石灰岩
原石情况	仅存拓片
组合关系	
画面简述	画面似为浅浮雕，刻一鱼。
著录与文献	胡新立：《邹城汉画像石》，北京：文物出版社，2008 年，80 页，图 90。
收藏单位	

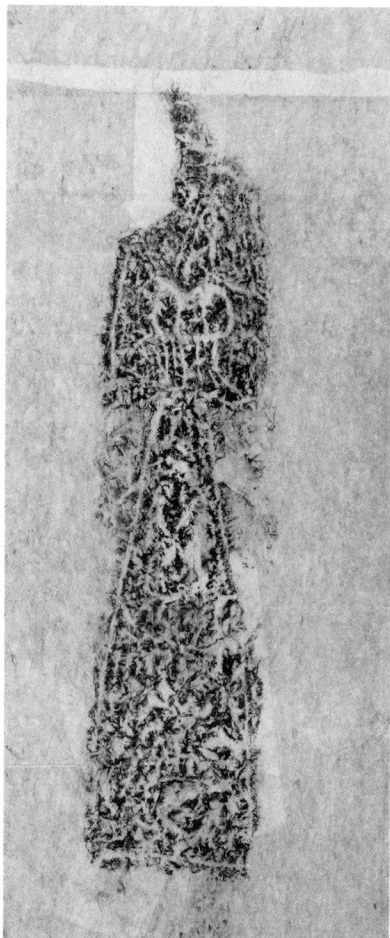

编号	SD-ZC-036
时代	
出土/征集地	郭里镇黄路屯收集
出土/征集时间	1973 年收集
原石尺寸	86×27
质地	石灰岩
原石情况	仅存拓片
组合关系	
画面简述	画面似为浅浮雕。表面粗糙，似刻一瘦长人物，着袍，手捧一物不明。
著录与文献	胡新立：《邹城汉画像石》，北京：文物出版社，2008 年，81 页，图 92。
收藏单位	

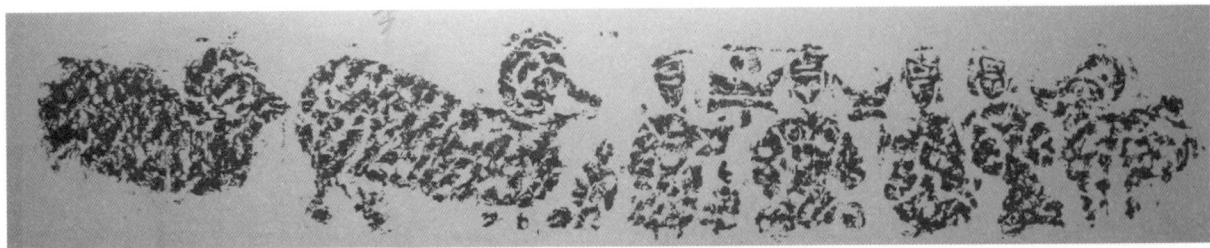

编号	SD-ZC-037
时代	
出土/征集地	郭里镇黄路屯
出土/征集时间	1973 年收集
原石尺寸	27×104
质地	石灰岩
原石情况	仅存拓片
组合关系	
画面简述	画面似为浅浮雕。左起为二羊，右向而行；其右有四人，皆戴冠，四人间又有四物不明；右端一羊，面左而立。
著录与文献	胡新立：《邹城汉画像石》，北京：文物出版社，2008 年，83 页，图 95。
收藏单位	

编号	SD-ZC-039
时代	
出土/征集地	郭里镇羊山村收集
出土/征集时间	1973 年收集
原石尺寸	43×51
质地	石灰岩
原石情况	仅存拓片
组合关系	
画面简述	画面为浅浮雕。左端一人，似为送行者；右为一马轺车，前有御者，尊者坐于后。
著录与文献	胡新立：《邹城汉画像石》，北京：文物出版社，2008 年，84 页，图 97。
收藏单位	

编号	SD-ZC-038
时代	东汉
出土/征集地	郭里镇西郭村
出土/征集时间	1973 年收集
原石尺寸	18.5×138.5×10.5
质地	石灰岩
原石情况	原石右端残缺，右下有一长方形空洞，为后人凿出作井栏板用。
组合关系	
画面简述	画面为浅浮雕。分为左右两格。左起有一船，船左半边升起一双柱尖顶棚屋，屋内有桌，桌上置一物不明（一说为一人物头部）。屋顶有一犬站立。船右半边坐一人，戴冠，冠后有一坠饰，右手高举，手持一物不明。右为二龙穿璧，左侧龙回首张口，长舌及尾；右缺，璧右下有一长方形空洞。二龙图像下为三角形纹，再下为菱形纹。画面上、下、左三边有框。
著录与文献	山东省博物馆、山东省文物考古研究所编《山东汉画像石选集》，济南：齐鲁书社，1982 年，图 90；胡新立：《邹城汉画像石》，北京：文物出版社，2008 年，83 页，图 96。
收藏单位	孟庙

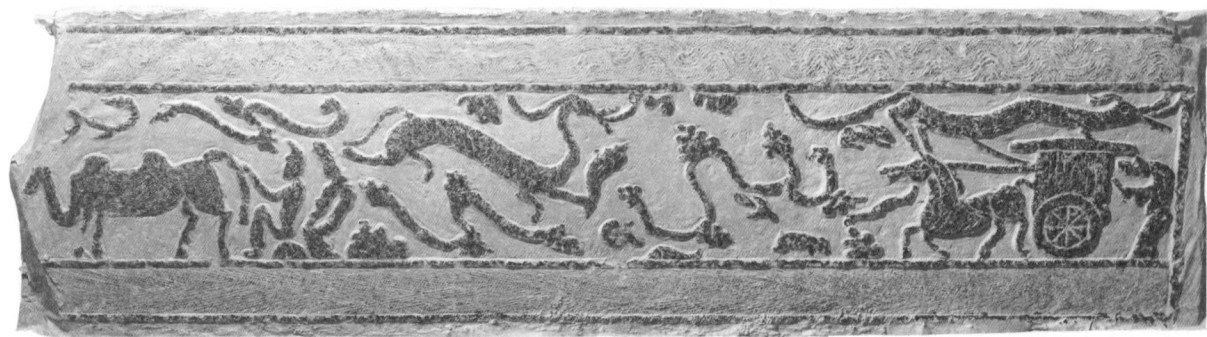

编号	SD-ZC-040
时代	东汉
出土/征集地	石墙镇石墙村
出土/征集时间	1973 年收集
原石尺寸	58×198×24
质地	石灰岩
原石情况	原石呈长方形，左端残缺。
组合关系	
画面简述	画面为浅浮雕。画面左起为一骆驼，头部向左，后有一胡人戴尖帽侧坐于一半圆形物之上，似抚骆驼尾部。中部有一龙。右有一辎车向左行进，车顶部刻一龙，车后有一吏，戴冠着袍执笏，躬身相送。底部刻一鸟、一鱼、一兔等补白其间。画面布满云气纹。上、下、右三边有框，上下有双边框，边框内阴刻菱纹和水波纹。
著录与文献	山东省博物馆、山东省文物考古研究所编《山东汉画像石选集》，济南：齐鲁书社，1982 年，图 101；赖非主编《中国画像石全集·2·山东汉画像石》，济南：山东美术出版社，2000 年，56-57 页，图 65；胡新立：《邹城汉画像石》，北京：文物出版社，2008 年，84 页，图 98；朱浒：《汉画像胡人图像研究》，上海大学，博士学位论文，2012 年，68 页，图 2-56。
收藏单位	孟庙

编号	SD-ZC-041
时代	东汉
出土/征集地	石墙镇兴泉村
出土/征集时间	1973 年收集
原石尺寸	93×30.5×23
质地	石灰岩
原石情况	原石呈长方形，左角有残缺。
组合关系	
画面简述	画面为浅浮雕。分为上、中、下三格，第一格刻二十个圆形物；第二格刻一人，戴冠着袍而立；第三格刻一人，戴武弁，着长袍，捧盾侧身躬立。四周有框，左右两侧框外刻连弧纹。
著录与文献	山东省博物馆、山东省文物考古研究所编《山东汉画像石选集》，济南：齐鲁书社，1982 年，图138；胡新立：《邹城汉画像石》，北京：文物出版社，2008 年，85 页，图99；
收藏单位	孟庙

编号	SD-ZC-042
时代	东汉
出土/征集地	石墙镇前营村
出土/征集时间	1973 年收集
原石尺寸	47×118×20.5
质地	石灰岩
原石情况	原石断为三截，整体呈长方形。断裂处有缺损。
组合关系	
画面简述	画面为浅浮雕，中间部分断裂缺损。残石画面可见二十三人，皆戴进贤冠，着长袍，似手捧一物站立。四周有双边框，其下边框内填刻三角形纹，外沿刻连弧纹。
著录与文献	山东省博物馆、山东省文物考古研究所编《山东汉画像石选集》，济南：齐鲁书社，1982 年，图132；胡新立：《邹城汉画像石》，北京：文物出版社，2008 年，86 页，图100。
收藏单位	孟庙

SD-ZC-042 局部

编号	SD-ZC-043
时代	东汉
出土/征集地	石墙镇前营村
出土/征集时间	1973 年收集
原石尺寸	149×72×21
质地	石灰岩
原石情况	原石呈长方形，左上角及右侧残缺。
组合关系	
画面简述	图像为浅浮雕，自上而下以线框分为四格。最上一格刻二人骑马右行，骑者头戴冠，马身披方形鞍。第二格左刻一熊（？）头向左，右刻一多头人面兽，残余六首和后腿及尾部。第三格刻二人戴冠，右向侧身跽坐。第四格刻泗水捞鼎，右侧部分残缺，可见三人站于弧形桥上，后仰牵绳索，绳索上站有两鸟。桥身有多道线刻栏杆（？），桥顶立两立柱，柱顶有滑轮。桥下有一倾斜的鼎，鼎内有龙头伸出，绳子似被龙咬断。鼎左下有一鱼。
著录与文献	山东省博物馆、山东省文物考古研究所编《山东汉画像石选集》，济南：齐鲁书社，1982 年，图 131；胡新立：《邹城汉画像石》，北京：文物出版社，2008 年，87 页，图 101。
收藏单位	孟庙

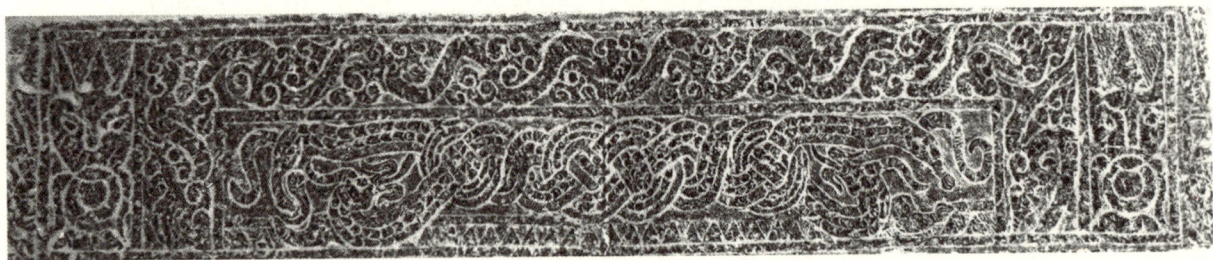

编号	SD-ZC-044-01
时代	东汉
出土/征集地	石墙镇车路口
出土/征集时间	1994 年出土
原石尺寸	59×330
质地	石灰岩
原石情况	原址回填
组合关系	
画面简述	画面为浅浮雕，从左到右分为四格。左右两端格内各刻一铺首衔环；第二格画面呈"n"形包围第三格画面，格内刻变形云气纹；第三格为二龙交缠穿环，皆张口吐舌。四周有框。
著录与文献	胡新立：《邹城汉画像石》，北京：文物出版社，2008 年，87 页，图 102；解华英：《山东邹城市车路口东汉画像石墓》，载《考古》1996 年第 3 期。
收藏单位	

226

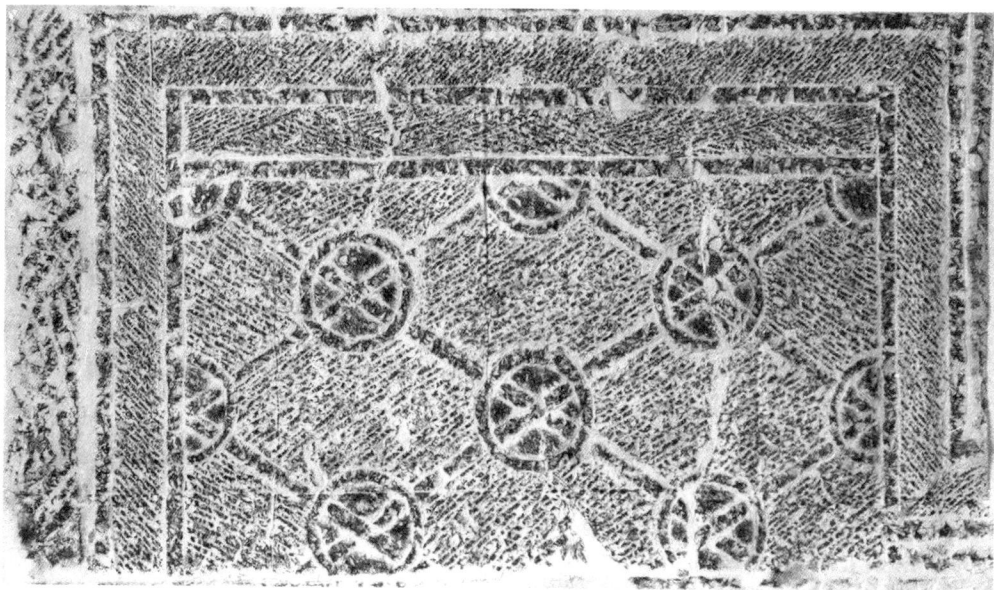

编号	SD-ZC-044-02
时代	东汉
出土/征集地	石墙镇车路口
出土/征集时间	1994 年出土
原石尺寸	82×160
质地	石灰岩
原石情况	原址回填
组合关系	
画面简述	画面为浅浮雕。内刻十字穿环纹，空余处填刻斜线纹。四周有框，其中上边为三层框，左右两侧为双边框，边框间亦填刻斜线纹。
著录与文献	胡新立：《邹城汉画像石》，北京：文物出版社，2008 年，87 页，图 103；解华英：《山东邹城市车路口东汉画像石墓》，载《考古》1996 年第 3 期。
收藏单位	

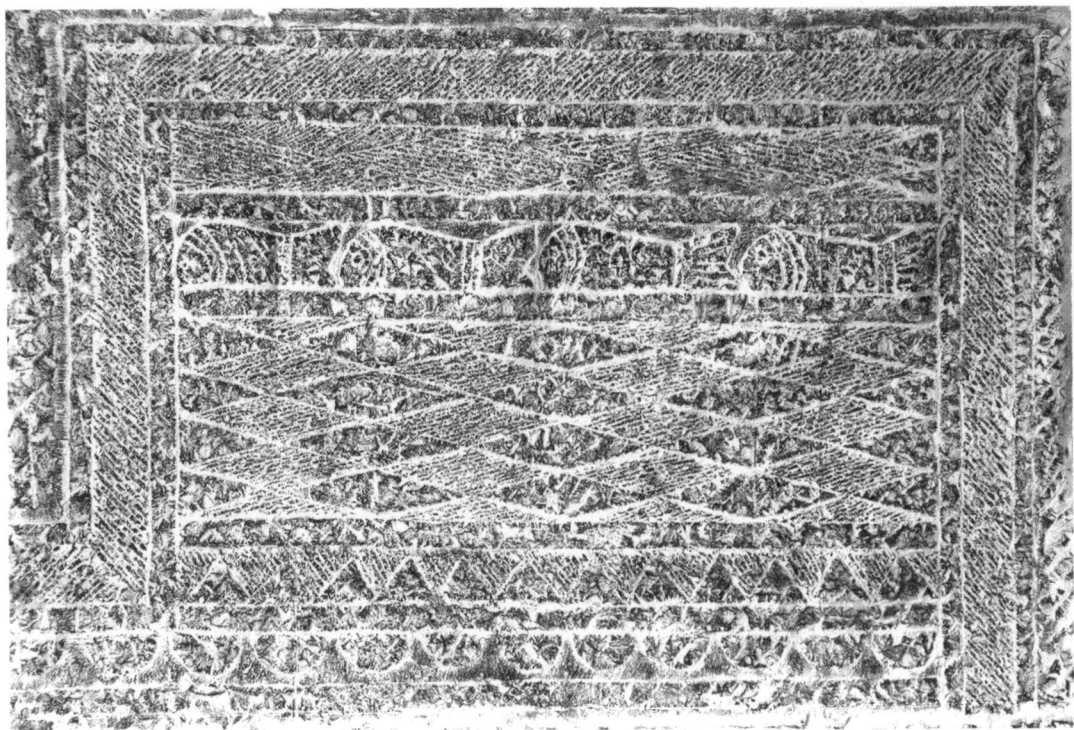

编号	SD-ZC-044-03
时代	东汉
出土/征集地	石墙镇车路口
出土/征集时间	1994 年出土
原石尺寸	89×160
质地	石灰岩
原石情况	原址回填
组合关系	
画面简述	画面为浅浮雕，分格及边框复杂。画面中间上格刻四鱼，左向鱼贯排列；下格为四层菱形纹。四周有框，其中上下两边为三层框，上层框间填刻斜线及菱形线纹，下层框间填刻三角形纹及连弧纹。左右两侧为双边框，其内填刻斜线纹。
著录与文献	胡新立：《邹城汉画像石》，北京：文物出版社，2008 年，87 页，图 104；解华英：《山东邹城市车路口东汉画像石墓》，载《考古》1996 年第 3 期。
收藏单位	

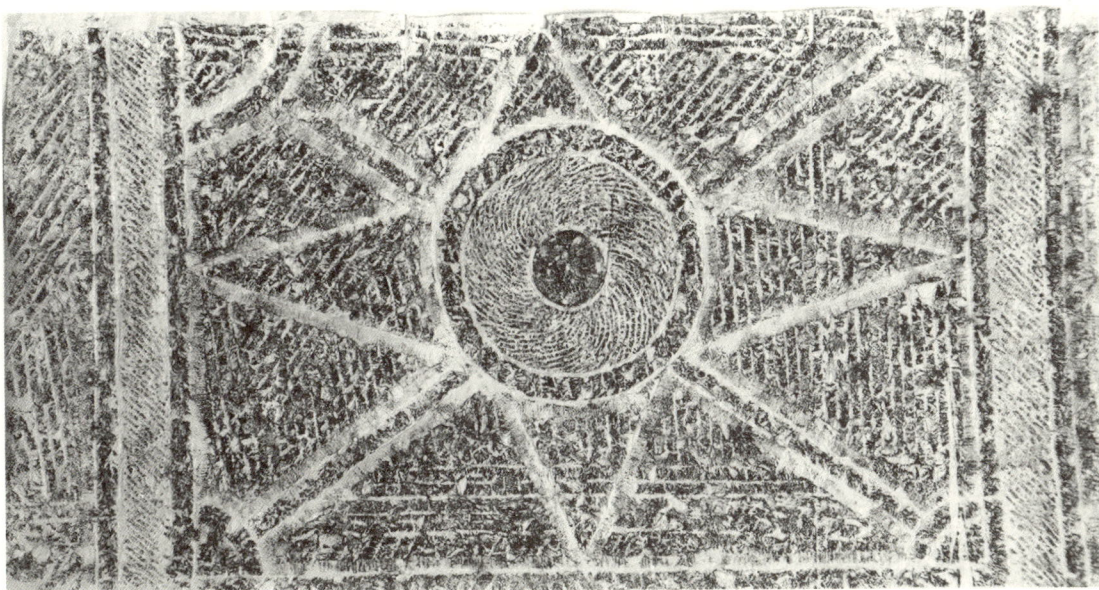

编号	SD-ZC-044-04
时代	东汉
出土/征集地	石墙镇车路口
出土/征集时间	1994 年出土
原石尺寸	70×150
质地	石灰岩
原石情况	原址回填
组合关系	前室藻井盖石
画面简述	画面为浅浮雕，且似为连续画面之一部分。中心刻一有边框圆形（一说为壁），圆心与边框间填刻顺时针涡卷线纹，上下左右四出三角形，斜向四出斜线，与四角之弧形相连。四周有框，左右两侧为双边框。
著录与文献	胡新立：《邹城汉画像石》，北京：文物出版社，2008 年，87 页，图 105；解华英：《山东邹城市车路口东汉画像石墓》，载《考古》1996 年第 3 期。
收藏单位	

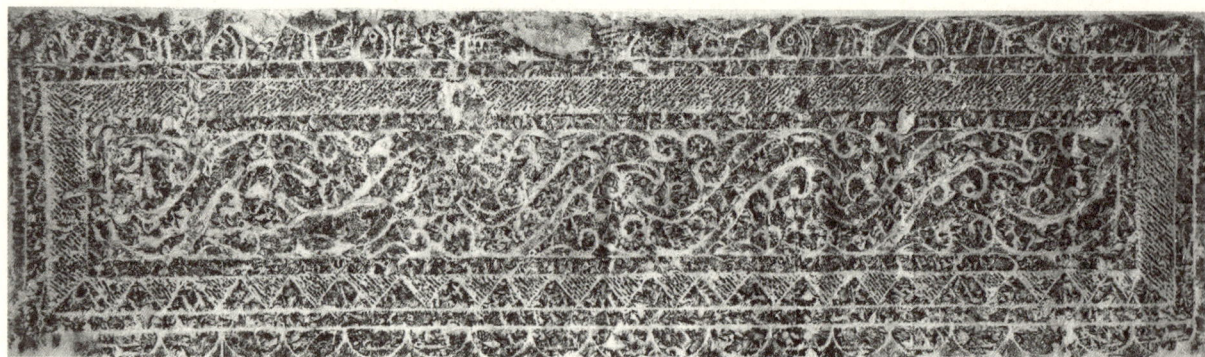

编号	SD-ZC-044-05
时代	东汉
出土/征集地	石墙镇车路口
出土/征集时间	1994 年出土
原石尺寸	49×182
质地	石灰岩
原石情况	原址回填
组合关系	北耳室过门石
画面简述	画面为浅浮雕，满刻变形云气纹。四周皆有双边框，框间填刻斜线纹。其中上边框外沿刻一排鱼形，鱼贯左向排列；下边框内刻三角形纹，框外为连弧纹。
著录与文献	胡新立：《邹城汉画像石》，北京：文物出版社，2008 年，87 页，图 106；解华英：《山东邹城市车路口东汉画像石墓》，载《考古》1996 年第 3 期。
收藏单位	

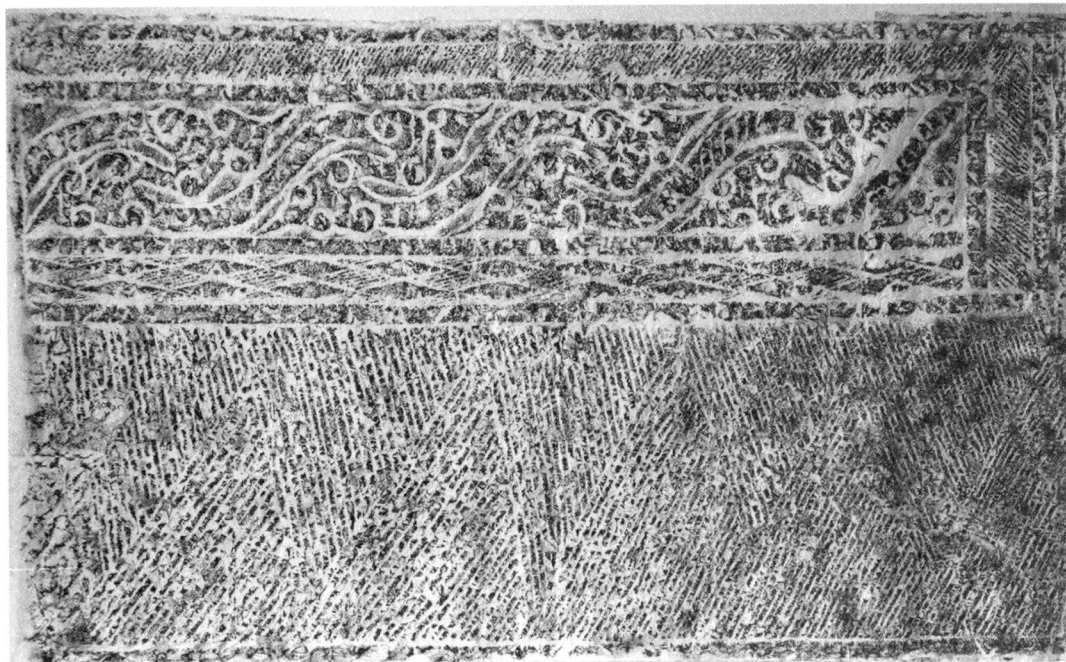

编号	SD-ZC-044-06
时代	东汉
出土/征集地	石墙镇车路口
出土/征集时间	1994 年出土
原石尺寸	72×129
质地	石灰岩
原石情况	原址回填
组合关系	中室藻井盖石
画面简述	画面为浅浮雕，图像集中于一侧，另一侧填刻斜线纹。画中满刻云气纹，四周有框，上、下、右三边为双边框，上边与右侧框间填刻斜线纹，下边框间为双排菱形纹。
著录与文献	胡新立：《邹城汉画像石》，北京：文物出版社，2008 年，87 页，图 107；解华英：《山东邹城市车路口东汉画像石墓》，载《考古》1996 年第 3 期。
收藏单位	

编号	SD-ZC-044-07
时代	东汉
出土/征集地	石墙镇车路口
出土/征集时间	1994 年出土
原石尺寸	94×131
质地	石灰岩
原石情况	原址回填
组合关系	中室藻井盖石
画面简述	画面为浅浮雕。中心刻一有边框圆形（一说为璧），圆心与边框间填刻顺时针涡卷线纹，圆形四周为变形云气纹，其斜向各有一双层弯卷尖角图案指向四角。四周有双边框，框间填刻斜线纹。
著录与文献	胡新立：《邹城汉画像石》，北京：文物出版社，2008 年，87 页，图 108；解华英：《山东邹城市车路口东汉画像石墓》，载《考古》1996 年第 3 期。
收藏单位	

编号	SD-ZC-044-08
时代	东汉
出土/征集地	石墙镇车路口
出土/征集时间	1994 年出土
原石尺寸	67×67
质地	石灰岩
原石情况	原址回填
组合关系	南耳室藻井盖石
画面简述	画面为浅浮雕。中心刻一有边框圆形（一说为璧），圆形外圈填刻顺时针涡卷线纹，其外上下左右四出三角形图案指向四边中点，空余处填刻斜线纹。四周有双边框，框间填刻斜线纹。
著录与文献	胡新立：《邹城汉画像石》，北京：文物出版社，2008 年，87 页，图 109；解华英：《山东邹城市车路口东汉画像石墓》，载《考古》1996 年第 3 期。
收藏单位	

编号	SD-ZC-044-09
时代	东汉
出土/征集地	石墙镇车路口
出土/征集时间	1994 年出土
原石尺寸	60×70
质地	石灰岩
原石情况	原址回填
组合关系	北耳室藻井盖石
画面简述	画面为浅浮雕。中心刻一有边框圆形，圆心处可见"十"字形图案，边框内填刻一圈顺时针涡卷线纹，其外左右两侧各一扇形斜线纹，似方胜。四周有双边框，框间填刻斜线纹。
著录与文献	胡新立：《邹城汉画像石》，北京：文物出版社，2008 年，87 页，图 110；解华英：《山东邹城市车路口东汉画像石墓》，载《考古》1996 年第 3 期。
收藏单位